W0175234

Vitalküche *für* Genießer

bewusst essen, jung bleiben

AUTOREN: PROF. DR. STEPHAN BISCHOFF, MONIKA SCHUSTER
FOTOS: EISING FOODFOTOGRAPHY/MARTINA GÖRLACH

Inhalt

Rezepte

Gesund
genießen!

Genuss ist die wichtigste Zutat beim gesunden Essen und Trinken. So werden die täglichen Mahlzeiten zu sinnenfrohen, bereichernden und inspirierenden Erlebnissen.

Wohl kaum ein Aspekt des täglichen Lebens gestaltet sich so vielfältig, ist so gut untersucht und gleichzeitig von so tief greifender Wirkung auf Gesundheit und Wohlbefinden wie unsere Ernährung. In Fachkreisen gilt die Ernährungsmedizin heute als einer der entscheidenden Schlüssel zu Gesundheit, einer guten Lebensqualität sowie einer langen Lebenserwartung. Mit einer bewussten Ernährung lassen sich auf natürliche und vor allem wirkungsvolle Weise Alterungsprozesse verlangsamen. Dabei gestaltet sich eine gesunde Ernährung im Alltag gar nicht so einfach: Eine nie da gewesene Fülle an preiswerten Lebensmitteln und Kreationen der Lebensmittelindustrie mit großartigen Versprechungen für Gesundheit und Wohlbefinden machen es bisweilen schwer, die Ernährung so zusammenzustellen, dass sie uns optimal mit Vitalstoffen versorgt und uns auch kulinarisch zufriedenstellt.

Ist der Mensch wirklich, was er isst?

Tatsächlich wirkt sich alles, was wir essen und trinken, umgehend auf unsere Leistungsfähigkeit, unsere Vitalität, unser Aussehen und nicht zuletzt auf unsere Stimmung aus. Insofern hat die Spruchweisheit vom Menschen, der ist, was er isst, nichts an Gültigkeit und Aktualität verloren. Fakt ist, dass in der Auswahl und Zusammenstellung unserer Nahrungsmittel ein ganz besonderes Instrumentarium mit einem enormen Wirkungsspektrum steckt. Dabei spielen bei einer Mahlzeit längst nicht nur die Inhaltsstoffe der verschiedenen Zutaten, die auf dem Teller zueinanderfinden, die tragende Rolle. Das Tüpfelchen auf dem »i« sind ihre Aromen, ihr Duft und Geschmack, ihre Konsistenz und nicht zuletzt ihr Arrangement. In ihrer Gesamtheit sollen diese alle Sinne des Genießers ansprechen und sie im besten Fall erfreuen.

Qualität vor Quantität

Aus medizinischer Hinsicht scheinen sich gesundes Essen und Genuss auf den ersten Blick auszuschließen. Nahrung, die zwar gut schmeckt, dabei aber

Ein Spaziergang über den Markt ist ein Genuss für alle Sinne und die schönste Vorfreude auf ein frisch zubereitetes Essen.

Wer Fleisch wie gewachsen genießen möchte, greift am besten zu Bio-Ware aus artgerechter Haltung.

ungünstig zusammengesetzt ist und in Überfülle konsumiert wird, beschleunigt Alterungsprozesse und kann auch dick und krank machen.

ℹ Essen: Ein ganzheitliches Erlebnis

Erst die sinnlichen Eindrücke machen Essen zu einem ganzheitlichen Erlebnis, das Leib und Seele nicht nur zusammenhält, sondern ihnen darüber hinaus auch gut tut. Eine bewusst zusammengestellte Ernährung erhält so nicht nur langfristig die Gesundheit und Vitalität, sie sorgt auch Tag für Tag für außergewöhnliche Genuss- und Glückserlebnisse.

Nicht von ungefähr kommt es daher, dass viele Ärzte und Ernährungsberater die Kunst des Weglassens und der Selbstkasteiung predigen. Gesundes Essen bedeutet, durch diese Brille betrachtet, in erster Linie Entbehrung. Dass derlei Diäten allerdings keineswegs fruchten, sondern ganz im Gegenteil oft eine unerwünschte Gewichtszunahme nach sich ziehen, ist mittlerweile durch zahlreiche Studien hinlänglich belegt. Bei den meisten Abnehmprogrammen oder Ernährungsumstellungen handelt es sich schlicht um verschiedene Formen der Fehlernährung, von denen manche sogar gesundheitlich riskant sind. Ziel unseres Buches ist es deshalb, das wertvolle Potenzial einer intelligent zusammengestellten Ernährung zu verstehen und möglichst voll und ganz auszuschöpfen. Wie wichtig diese Art der Ernährung gerade für Menschen in reiferem Alter ist, zeigen aktuelle Studien. So benötigen wir zwar ab unserem

fünfzigsten Lebensjahr in aller Regel weniger energiereiche Nahrung, der Bedarf an lebenswichtigen Nährstoffen hingegen bleibt gleich und diese stecken nur in einer qualitativ hochwertigen Nahrung.

Intelligent essen, jung bleiben

Alle lebenswichtigen Organe und Gewebe unseres Körpers lassen sich durch eine intelligente Art des Essens und Trinkens positiv beeinflussen. Alterungs- und Verschleißprozesse können auf diese Weise wirkungsvoll verlangsamt werden. Und: Es ist nie zu spät, in Sachen Essen und Trinken dazuzulernen. Dabei geht es nicht nur um die verjüngende Wirkung einer gesunden Ernährung. Schließlich weiß man heute, dass eine Ernährungsumstellung beispielsweise das Risiko an Herz-Kreislauf-Beschwerden oder Diabetes zu erkranken deutlich verringert. Mit Hilfe eines Überblicks über die wichtigsten Fakten aus der modernen Ernährungsmedizin werden Sie rasch sehen, wie gesundes Essen und Trinken im Alltag funktioniert und mit wie wenig Aufwand und großem Genusseffekt sich dieses bewerkstelligen lässt. Sie erfahren, wie bestimmte Organe, Herz und Kreislauf, Muskeln und Skelett auf bestimmte Inhaltsstoffe aus Nahrungsmitteln reagieren und wie Sie dieses Wissen ganz einfach für sich, Ihre Gesundheit und Ihre Vitalität umsetzen können.

Gaumenfreuden für mehr Vitalität

Damit Sie sehen, dass es auch Freude bereiten kann, sich gesund zu ernähren, wurde bei allen Zubereitungen und Rezepten auf ausgezeichnete kulinarische Qualität geachtet. Die renommierte Küchenmeisterin Monika Schuster aus München hat alle Rezepte so zusammengestellt, dass neben einem Plus an positiven Nährstoffen für höchste Gaumenfreuden gesorgt ist. Alle Gerichte sind leicht nachzukochen und gleichermaßen geeignet für den Alltag wie für Gäste. Denn erst der Genuss garantiert, dass die Prinzipien intelligenten Essens verinnerlicht werden. Wir wünschen Ihnen einen guten Appetit, eine stabile Gesundheit und vor allem viel Spaß beim Nachkochen!

Stephan Bischoff

Natürliches Anti-Aging –
gibt es das wirklich?

Altern ist nichts anderes als ein Wandlungs- und Veränderungsprozess innerhalb eines Lebens, wobei der Übergang von einem Lebensabschnitt in den nächsten langsam und fließend verläuft. Wie alt wir tatsächlich sind, hängt dabei keineswegs nur mit unserem Geburtsdatum und der bereits gelebten Zeit zusammen. Das biologische Alter entspricht nur in den seltensten Fällen unseren Lebensjahren. Trotzdem ist es eben dieses biologische Alter, das den tatsächlichen Alterszustand unseres Organismus widerspiegelt. Dieser zeigt sich bei jedem Menschen unterschiedlich: Eine straffe Haut kombiniert mit einer schlanken Figur und einem vitalen Auftreten wirkt immer jugendlich und kann bei einer 60-Jährigen ohne weiteres zehn bis fünfzehn Jahre wegmogeln. Zeigen sich hingegen schon früh Falten im Gesicht und sammeln sich über die Jahre hinweg unkontrolliert die Pfunde an, so kann das genau das Gegenteil bewirken und ein 30-Jähriger kann wesentlich älter wirken, als er in Wirklichkeit ist.

ℹ Wann das Alter beginnt

Es gibt eine Reihe verschiedener Unterteilungen und Bezeichnungen für die große und sich nicht sehr einheitlich gestaltende Gruppe der »älteren Menschen«. Sie reicht vom vitalen 65-Jährigen bis zum über 100-Jährigen. Die Weltgesundheitsorganisation (WHO) unterteilt nach den folgenden Kriterien:

51–60 Jahre	alternde Menschen
61–75 Jahre	ältere Menschen
76–90 Jahre	alte Menschen
91–100 Jahre	sehr alte Menschen

Man spricht auch davon, dass das biologische Alter eher ein »gefühltes« Alter ist, denn es ist nicht zuletzt

unsere innere Einstellung zum Leben, die sich darin ausdrückt, wie alt oder jung wir uns fühlen. Doch neben diesen geistig-seelischen Faktoren spielen auch körperliche Voraussetzungen, der Gesundheitszustand eines Menschen und insbesondere der Zustand der Blutgefäße eine wichtige Rolle.

Welche Faktoren unser Alter beeinflussen

› **Lebensjahre** – kalendarische Altersbestimmung nach dem Geburtsdatum.

› **Vererbung:** Auch bestimmte Gene sind dafür verantwortlich, wie der Alterungsprozess bei einem Menschen verläuft. Wissenschaftler schätzen, dass bis zu 7000 Gene daran beteiligt sind. Zudem wurden zwei »biologische Uhren« entdeckt, die das Lebensalter mitbestimmen: Die so genannten Telomere (kleine Abschnitte am Ende jedes Chromosoms) und der Stoffwechsel selbst. So scheint jedes Lebewesen für eine bestimmte Stoffwechselleistung programmiert zu sein.

› **Lebensstil:** Der Lebensstil ist die Summe äußerer Faktoren, durch die wir bewusst unsere Gesundheit, unser Wohlbefinden und auch den Alterungsprozess beeinflussen können. Dazu gehören insbesondere:
• Vermeiden von Übergewicht
• geringer Alkoholkonsum
• regelmäßige körperliche Bewegung
• kein Nikotinkonsum
• positive soziale Kontakte
• allgemeine psychische Stabilität.
Diese Faktoren entstammen einer aktuellen und für allgemeingültig befundenen Studie.
Auf diesen Gebieten können wir aktiv mitentscheiden. Unsere Gene können wir vorerst nicht verändern, doch unsere Lebensweise können wir durch-

aus im Rahmen unserer Möglichkeiten beeinflussen. Dies trifft insbesondere auch auf unser Ess- und Trinkverhalten zu.

Altern – ein natürlicher Vorgang

Altern ist ein natürlicher Prozess, der bei jedem Lebewesen mit Beginn seines Lebens einsetzt. Doch was heißt das bezogen auf unseren Körper und unser Wohlbefinden? Wir wissen heute, dass es für das biologische Alter eines Menschen kein absolutes Maß gibt, da die verschiedenen Körperorgane sehr unterschiedlich altern. Äußerlich wahrnehmbar ist dies an der Körpergröße, der Körperhaltung, dem Gang, der Elastizität der Haut sowie dem Hautton und der Haarfarbe. Auch kommt es mit zunehmendem Alter zu einer verringerten Leistung unserer Sinnesorgane: Wir sehen, riechen, hören und schmecken nicht mehr so gut. Die Körperzusammensetzung ändert sich. Wassergehalt und Muskelmasse nehmen ab, zugleich erhöht sich die Fettmasse. Dadurch verringert sich der so genannte Grundumsatz und wir benötigen weniger Energie in Form von Kalorien. So braucht beispielsweise eine Frau bei leichten Alltagstätigkeiten im Alter zwischen 25 und 51 Jahren etwa 1900 kcal, dieselbe Frau im Alter von 65 und mehr nur noch 1600 kcal.

Der biologische Alterungsprozess

Der Körper eines Lebewesens besteht aus Zellen. Das sind kleine funktionelle Einheiten, die teilweise für sich lebensfähig sind, wie etwa die Samen- oder Stammzellen, oder nur im Verbund wirksam sind und sich zu spezialisierten Einheiten entwickelt haben, wie etwa der Verbund der Hautzellen, der Verbund der Muskelzellen etc. Jede lebensfähige Zelle muss zwei Grundvoraussetzungen erfüllen:
› Erstens muss sie Erbmaterial, d.h. funktionstüchtige Gene, enthalten. Sie programmieren die Zellfunktionen, indem sie Aufbauprozesse in Form der Verknüpfung von Eiweißstrukturen (Eiweißsynthese) vorgeben. Gleichzeitig ermöglichen sie die Weitergabe der Programmierung an Tochterzellen.
› Zweitens muss eine Zelle Energie erzeugen können. Dazu benötigt sie die Mitochondrien. Die Hauptfunktion dieser kleinen Kraftwerke ist es, die universelle Energiewährung der Zelle herzustellen. Das geschieht, indem diese Zellorganellen im Rahmen des Zellstoffwechsels und unter Sauerstoffverbrauch Nährstoffe oxidieren. Dadurch wird eine chemische Energie freigesetzt, die in Energiemolekülen wie ATP (Adenosintriphosphat) gespeichert wird. Diese Energiequelle ist unentbehrlich: Ohne ATP gäbe es keine Muskelbewegung, keinen Herzschlag, keine Gehirnleistung, keine Verdauung aber auch keine Zellteilung oder Wundheilung. Während Pflanzenzellen mit Hilfe des grünen Blattfarbstoffs Chlorophyll aus Kohlendioxid und Licht ihre Energie gewinnen, brauchen Tiere und Menschen dafür Sauerstoff und Nahrung.

Jede Körperzelle hat eine »biologische Uhr«

Wie alt eine Körperzelle ist, ließ sich lange Zeit nicht bestimmen. Erst als die so genannten Telomere entdeckt und ihre Funktion entschlüsselt wurde, ließ sich der biologische Alterungsprozess endlich wissenschaftlich darstellen. Telomere nennt man die Enden unserer Chromosomen. Diese bilden unsere Erbsubstanz und enthalten die Gene, welche unsere Körperzellen programmieren. Bekannt waren die Telomere schon länger, nur wusste man geraume Zeit nicht, welche Funktion sie ausüben, bis Forscher feststellten, dass Telomere mit jeder Zellteilung ein wenig kürzer werden. Wenn die Zelle nach einiger Zeit alle Kopierabschnitte aufgebraucht hat, beginnt sie zu altern und stirbt. Die Telomere stellen also auf der einen Seite eine Art »biologische Uhr« in der Zelle dar, die zählt, wie viele Zellteilungen stattgefunden haben. Auf der anderen Seite bilden sie auch eine Art Schutzschild für die Chromosomen. Denn erst wenn die Telomere aufgebraucht sind, beginnt die Zelle zu sterben. Dass diese Entdeckung sofort die Überlegung nach sich zog, dieses »Aufbrauchen« der Telomere irgendwie aufzuhalten, entspricht dem alten Menschheitstraum von der ewigen Jugend. Wäre dies in biologischer Hinsicht möglich, so hätten wir vielleicht tatsächlich den lang gesuchten »Jungbrunnen«, den Cranach so eindrucksvoll in seinem Gemälde festgehalten hat, gefunden. Die Frage, die sich daraus ergibt, ist daher die folgende: Können wir durch unseren Lebensstil und insbesondere durch unsere Ess- und Trinkgewohnheiten den Abbau der Telomere verlangsamen?

Was den Körper
alt macht

Der Alterungsprozess verläuft auf verschiedenen Ebenen im Körper. Seine Geschwindigkeit können wir durch eine bessere Ernährung und einen gesunden Lebensstil steuern.

Für die Energiegewinnung in der Zelle benötigt unser Organismus den größten Teil der von uns aufgenommenen Nahrung. Neben der Energiegewinnung brauchen wir die Nährstoffe allerdings auch, um Reparaturarbeiten und auch die Entsorgung von Stoffwechselabfällen im Körper zu ermöglichen. Arbeitet die Zelle und produziert sie aus Nahrung und Sauerstoff Energie, so fallen ähnlich wie bei einem Verbrennungsmotor Abfälle an. In der Zelle

Gehen Sie doch mittags kurz an die frische Luft und nehmen Abstand von Ihrem Bürostress.

sind das die so genannten »Freien Radikale«. Dabei handelt es sich um chemisch sehr reaktionsfreudige, mikroskopisch kleine Sauerstoffmoleküle, die mit ihrer Umgebung chemische Verbindungen eingehen. Dabei verändern sie diese oder schädigen sie sogar. Was sich ihnen in den Weg stellt, wird angegriffen. So werden die DNA-Erbmoleküle täglich bis zu 10.000-mal von diesen aggressiven Molekülen angegriffen, doch auch Eiweißstrukturen (Proteine), den Stoffwechsel regulierende Verbindungen (Enzyme) und Fette (Lipide) werden attackiert.

Wie oxidativer Stress entsteht

In einer gesunden Konzentration erfüllen Freie Radikale lebenswichtige Aufgaben. Allerdings können Umweltbelastungen, Ernährungsmängel, Nikotin und Alkohol, körperlicher oder seelischer Stress, aber auch Medikamente und Verletzungen zu einer unkontrollierten Produktion Freier Radikale führen. Die Selbstregulation durch den Körper ist gestört. Übersteigt die Bildung Freier Radikale ein gesundes Maß, spricht man von »oxidativem Stress«, was sich im Blut nachweisen lässt. Die chemisch schnell und aggressiv wirkenden Freien Radikale stören und zerstören wichtige Funktionen und Strukturen im Körper wie z. B. Zellmembranen oder die DNA. Dadurch entstehen Krankheiten und unser Organismus altert vorzeitig. Könnten Freie Radikale ungehemmt agieren, würden sie binnen kurzer Zeit unser Gewebe so stark schädigen, dass unser Überleben gefährdet wäre.

Arbeitet das Immunsystem jedoch normal, werden die zerstörungswütigen Radikalen durch bestimmte Gegenmittel neutralisiert und unschädlich gemacht. Diese stellt der Körper entweder selbst her (Enzyme)

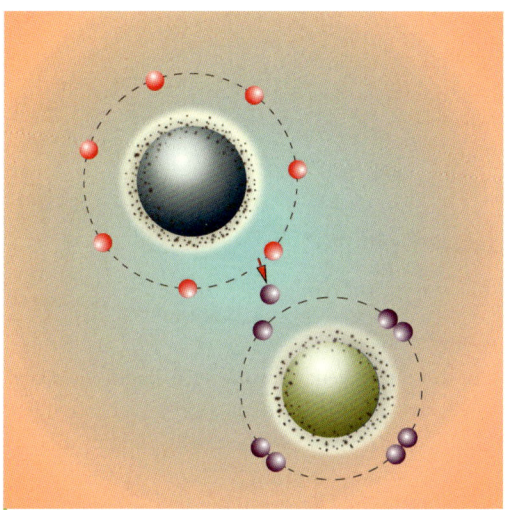

Die aggressive Eigenschaft des Freien Radikals wird vom Radikalfänger auf sich gezogen und zum Beispiel durch die Abgabe eines Elektrons neutralisiert. Der dadurch instabil gewordene Radikalfänger (z. B. Vitamin C) wird dann vom körpereigenen Schutzschild regeneriert.

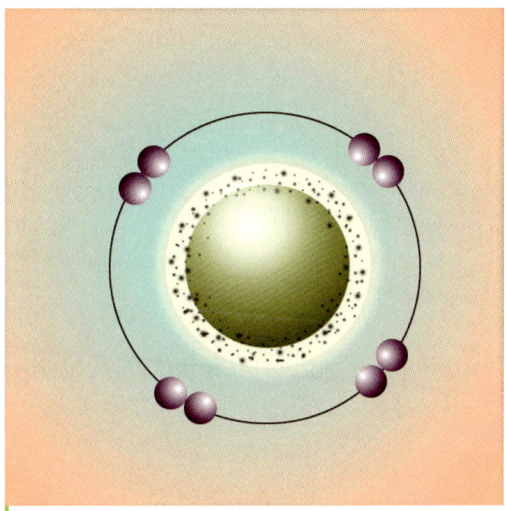

Wenn die Radikalfänger ihre Arbeit erfolgreich getan haben, steht am Ende ein stabiles, nicht mehr reaktionsfreudiges Molekül, das keinen Schaden mehr anrichten kann.

oder wir nehmen sie mit der Nahrung auf. Man nennt sie »Radikalfänger, »Antioxidanzien« oder »Antioxidationsmittel«. Sie funktionieren wie eine Art Gesundheitspolizei und bilden zugleich einen natürlichen Schutz vor Alterungsprozessen.

Radikalfänger aus der Nahrung

Antioxidanzien aus der Nahrung sind beispielsweise die Vitamine C, E und A. Sie haben die Fähigkeit, die Aggressoren zu neutralisieren.

› **Vitamin C** (Ascorbinsäure) ist ein in der Natur vorkommendes Antioxidans, das in hohem Maß in Zitrusfrüchten oder der Acerolakirsche enthalten ist.

ℹ️ Vitamin C im Apfeltest

Die antioxidative Wirkung von Vitamin C zeigt sich beispielsweise im Apfeltest: Zitronensaft, der auf einen frisch geschnittenen Apfel geträufelt wird, verhindert, dass der Apfel braun wird. Die Verfärbung ist ein Ergebnis der Gewebezerstörung des Fruchtfleisches durch Freie Radikale.

› **Vitamin E:** Andere natürliche Antioxidanzien sind Vitamin-E-Abkömmlinge, die hauptsächlich in Nüssen und Sonnenblumenkernen enthalten sind. Sie stecken in den meisten kalt gepressten Pflanzenölen sowie Margarine und Kakaoprodukten.

› **Vitamin A:** Das zur Gruppe der Carotinoide (Vitamin-A-Vorstufe) zählende Lycopin steckt hauptsächlich in roten Tomaten. Es gehört zu den stärksten natürlichen Schutzstoffen bei oxidativem Stress und ist deutlich effektiver als etwa Beta-Carotin (Provitamin A). Studien haben gezeigt, dass Lycopin sehr wirksam bei der Senkung des Risikos für bestimmte Krebsarten sein kann.

› **Körpereigene Antioxidanzien:** Im menschlichen Organismus stellt das Glutathion ein wichtiges Antioxidanz dar. Neben antioxidativ wirkenden Eiweißstoffen (Transferrin, Albumin, Coeruloplasmin, Hämopexin und Haptoglobin) werden im Körper auch verschiedene antioxidative Enzyme gebildet (Superoxiddismutase [SOD], Glutathionperoxidase [GPX] und Katalase), die bei der Entgiftung der Körperzellen von Freien Radikalen und somit bei der Stärkung der körpereigenen Abwehr von entscheidender Bedeutung sind.

Warum zu viel des Guten schädlich sein kann

Wer nun glaubt, seinen Alterungsprozess allein durch eine Extraportion von Antioxidationsmitteln herauszögern zu können, muss leider enttäuscht werden. Denn die Mechanismen des Alterns sind wesentlich komplizierter und die Wirkungen der Antioxidanzien beschränken sich nicht nur auf die Entgiftung von Zellen, die von Freien Radikalen attackiert werden. Vielmehr zeigt insbesondere die jüngere Forschung sehr eindrücklich, dass eine Blokkade von Freien Radikalen auch Schaden anrichten kann. Schließlich besitzen Freie Radikale auch eine durchaus sinnvolle Funktion im Körper: Die Natur macht sich ihre giftige Wirkung beispielsweise auch zur Abwehr gegen Bakterien und anderer schädlicher Eindringlinge zunutze. Durch eine zu rigorose Blockade der Freien Radikalen, insbesondere dort, wo sie zu Abwehrzwecken gebraucht werden, wird unser Immunsystem geschwächt.

Regelmäßiger Verzehr von Tomaten kann helfen, das Krebsrisiko zu senken.

So erklärt sich, warum hohe Dosen von Vitamin E und A, deren Überschuss nicht so einfach über die Niere ausgeschieden werden kann wie etwa bei Vitamin C, ernsthafte Nebenwirkungen nach sich ziehen können.

Vorsicht mit Nahrungsergänzungsmitteln

Eine Überdosierung kommt allerdings kaum durch Nahrung zustande, sondern durch die zusätzliche Einnahme von so genannten Nahrungsergänzungsstoffen in Form von hoch dosierten Vitaminpräparaten. In bestimmten Köperbereichen kann ein Überschuss an Antioxidanzien auch zur Bildung von giftigen Substanzen führen. So kann eine Überdosis von Vitamin C zur Entstehung von hochgiftigen »Hydroxyl-Radikalen« führen, weshalb sehr hohe Dosen von Vitamin C nur nach Beratung mit einem Arzt und bei Bedarf intravenös verabreicht werden sollten. Diese Beobachtung macht deutlich, dass im Grunde »gesunde« Nahrungsinhaltsstoffe wie Antioxidanzien bei Überdosierung oder falscher Verabreichungsform das Gegenteil des Gewünschten bewirken können. Solche Fehler schleichen sich kaum durch mit der Nahrung aufgenommene Vitalstoffe ein. Dies spricht dafür, wichtige, der Gesundheit dienliche und den Alterungsprozess verzögernde Vitamine, Mineralstoffe und Spurenelemente bevorzugt in Form ausgewählter Nahrungsmittel anstatt als chemisches Produkt aus der Apotheke oder dem Reformhaus zu sich zu nehmen.

Wie das Altern sichtbar wird

Unser sich veränderndes Erbmaterial sowie die anhaltende Belastung durch Oxidationsvorgänge und Freie Radikale in den Körperzellen sind nur zwei von vielen Mechanismen, die den Alterungsprozess einleiten. Sichtbar wird diese Entwicklung durch die Anreicherung von Alterspigmenten, den so genannten Lipofuszinen. Sie bestehen aus nicht abgebautem und oxidiertem Eiweißmaterial, fördern den Zellabbau und verstärken so den Alterungsprozess. Antioxidanzien können diesen schleichend verlaufenden Prozess in gewissem Maße beeinflussen. Allerdings konnte in Zellmodellen des Alterns kürzlich gezeigt werden, dass Freie Radikale sogar auf chromosomaler Ebene wirken und die Telomerverkürzung verstärken. Beim Menschen sind die verschiedenen im Körper ablaufenden Mechanismen eng miteinander verzahnt. Das bietet einerseits einen gewissen Schutz, macht auf der anderen Seite aber auch schädliche Kettenreaktionen möglich. Dies trifft gerade für Stoffwechselvorgänge in unserem Körper zu, die wir durch unsere Nahrung beeinflussen können.

Altersabhängige Stoffwechselveränderungen betreffen die:

- Elastizität von Haut und Bindegewebe
- Muskelmasse, Muskelkraft und Muskelkoordination
- Herz- und Gefäßfunktionen
- Nahrungsaufnahme und Verwertung
- Ausscheidungs- und Entgiftungsfunktion der Nieren
- Veränderungen im Hormonhaushalt (Wechseljahre)
- Funktion der Sinnesorgane (Augenlinse, Innenohr, Durstgefühl)
- Funktion des Nervensystems (Reaktionszeit, Informationsverarbeitung, Gedächtnis)
- Immunsystem und die Fähigkeit der Abwehr von Infektionen und Tumoren
- Knochendichte und Gelenkfunktionen

Jung bleiben – so gelingt es!

Jeder Mensch altert anders und hat es ein Stück weit in der Hand, wie schnell er altert. Schließlich wird der Alterungsprozess wesentlich durch unseren Lebensstil beeinflusst: Dazu gehören Ernährung, körperliche Fitness, geistige Aktivität und Gesundheitsvorsorge. Wesentliche Ansatzpunkte, den Alterungsprozess zu verlangsamen, sind folgende Maßnahmen:
› Da sich der Energiebedarf mit zunehmendem Alter vermindert, sind für reifere Erwachsene kleinere Mahlzeiten pro Tag im Hinblick auf die Gesamtgesundheit und einen verlangsamten Alterungsprozess günstiger (Quelle: Pennington CALERIE Studie, Heilbronn LK et al. JAMA; 295:1539-48).
› Da der Nährstoffbedarf im Alter jedoch keineswegs generell vermindert ist, sollte man beim Essen und Trinken auf eine hohe Nährstoffdichte achten. Tatsächlich ist der wichtigste Aspekt einer bewussten Ernährung im zunehmenden Alter die Vorbeugung eines Mangels an Eiweiß und Mikronährstoffen. Studien haben gezeigt, dass das Problem Mangelernährung ab dem 65. Lebensjahr ebenso bedeutsam ist wie das Problem Übergewicht, wobei das eine das andere keineswegs ausschließt. Wichtig ist daher eine ausreichende Zufuhr bzw. Synthese von Antioxidanzien wie Vitamin C, E und Carotinoiden sowie an antioxidativen Peptiden (Gluthation und Carnosin) und Enzymen (Superoxiddismutase [SOD], Glutathionperoxidase [GPX] und Katalase). Die Grundlage einer bewussten Ernährung im Alter sollten deshalb vorwiegend folgende Nahrungsmittel bilden:
› viel Gemüse, Obst, Vollkorngetreideprodukte,
› Milchprodukte, fettarmes Fleisch,
› Fisch, Geflügel, Eier sowie
› Hülsenfrüchte und Pflanzenöle.

Was bedeutet Prävention?

Primärprävention nennt man in der Medizin die Kunst, Krankheiten gar nicht erst entstehen zu lassen. Ein Beispiel dafür ist der Altersdiabetes, der durch gesunde Ernährung, ausreichend Bewegung und die Vermeidung von Übergewicht fast hundertprozentig verhindert werden kann.
Bei der Sekundärprävention steht die Verhinderung eines erneuten Auftretens einer Krankheit im Mittelpunkt. Ein klassisches Beispiel hierfür ist die Entstehung eines Herzinfarktes aufgrund einer Arteriosklerose. Der Infarkt kann erfolgreich ärztlich behandelt werden und der Patient fühlt sich gesund. Die Arteriosklerose besteht jedoch weiterhin. In diesem Fall ist es notwendig, vorbeugende Maßnahmen in Form einer cholesterin- und salzarmen Diät sowie einer entsprechenden Medikation zu treffen, um einen erneuten Herzinfarkt zu verhindern.
Tertiärprävention schließlich ist der Versuch, Komplikationen und Fortschreiten einer Erkrankung zu verhindern. Beim Diabetiker ist man beispielsweise bemüht, durch sorgfältige Einstellung des Blutzuckers Folgeerkrankungen zu verhindern, wenngleich der Diabetes selbst nicht mehr beseitigt werden kann.

Eine Reise durch
den Körper

Es gibt zahlreiche wissenschaftlich überprüfte Hinweise für den Einfluss unserer Ernährung auf die Körperfunktionen und damit auch auf unsere Gesundheit. Als Beispiel sei hier die EPIC-Studie (European Prospective Investigation Into Cancer and Nutrition) genannt, die unter anderem zeigen konnte, dass günstige Ernährungsgewohnheiten – wie bei der mediterranen Diät – in der Lage sind, die Lebenserwartung bei älteren Menschen zu erhöhen (Quelle: Trichopoulou A, et al. Modified Mediterranean diet and survival: EPIC-elderly prospective cohort study. BMJ. 2005;330:991).

Nehmen Sie ein Stück gesundheitsfördernden Urlaub mit nach Hause: Essen Sie wie die Menschen der Mittelmeerländer.

Im Folgenden sollen die Zusammenhänge zwischen Ernährung und Gesundheit genauer dargestellt werden. Dazu werden wir uns den menschlichen Körper etwas genauer ansehen.

Länger jung mit den richtigen Nährstoffen

Italiener und Spanier leben deutlich länger als Briten oder Amerikaner. Das zeigte eine Studie an der renommierten Harvard-Universität. Verantwortlich dafür sind Ernährungsgrundelemente der mediterranen Küche. Dazu gehören kalt gepresstes Olivenöl, frische Kräuter sowie reichlich Gemüse und Obst. Wer sich vorzugsweise mit diesen Nahrungsmitteln versorgt, wird nie unter Mangelerscheinungen an Vitaminen, Mineralien, Proteinen und Kohlenhydraten leiden.

Resveratrol und Quercetin

Forscher identifizierten den Pflanzeninhaltsstoff Resveratrol im Rotwein als lebensverlängernd. Bislang war er dafür bekannt, Herzerkrankungen vorzubeugen. Dabei wirkt Resveratrol nicht wie ein Antioxidanz, sondern ähnlich wie eine Begrenzung der täglichen Kalorienzufuhr, deren Anti-Aging-Wirkung bereits seit längerer Zeit nachgewiesen ist. Eine Kalorienreduktion bewirkt im Körper die Aktivierung eines Enzyms namens SIR2. Dieses verlängert die Lebensspanne unserer Erbgutinformation (DNA). Ein weiterer lebensverlängernder Inhaltsstoff, Quercetin, steckt in den Schalen von Äpfeln, Zwiebeln und Weintrauben, weshalb diese Nahrungsmittel auch als fester Bestandteil der täglichen Ernährung zu empfehlen sind. In jedem Fall sind solche Ansätze wesentlich zukunftsträchtiger und gesünder als zahlreiche im Labor hergestellte »Anti-Aging-Mittel«.

Schutzhülle und Sinnesorgan –
die Haut

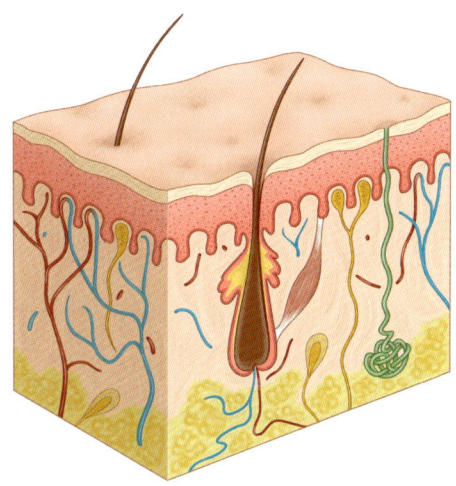

Auf den nächsten Seiten erfahren Sie, wie sich unser Körper durch den Alterungsprozess verändert und was die Gesundheit und Aktivität der lebenswichtigen Organe unterstützt. Wir beginnen mit der Haut: Jede Grenze spielt für das System, das sie umgibt, eine lebenswichtige Rolle. Dabei nimmt sie unterschiedliche komplexe Aufgaben wahr: Schutz und Abgrenzung sowie Austausch und Kommunikation. Die Grenze zwischen uns und unserer Umwelt ist unsere Haut. Sie schützt uns vor gefährlichen Umwelteinflüssen und vermittelt uns eine Vielzahl unmittelbarer Sinneseindrücke. Zählt man die verschiedenen Hautpartien beginnend vom Kopf bis zu den Füßen zusammen, so erhält man bei einem Erwachsenen eine Grundfläche von etwa zwei Quadratmetern. Etwa acht bis zwölf Prozent unseres Körpergewichts macht allein unsere Haut aus. Insofern ist die Haut das größte Organ des menschlichen Körpers.

Eines unserer größten Organe, die Haut, besteht aus drei Schichten: Oberhaut, Lederhaut und Unterhaut.

Der Aufbau der Haut

Als Organ hat die Haut zwar die größte Flächenausdehnung, ist dabei aber nur 1,5–4 mm dick. Am dicksten ist die Haut an der Fußsohle, am dünnsten am Auge. Sie setzt sich aus unterschiedlichen Schichten zusammen:

› Epidermis (1,2–2 mm dicke Oberhaut, bestehend aus Epithelzellen),
› Dermis (Lederhaut, bestehend aus Bindegewebsfasern, Muskelfasern, kleinen Blutgefäßen und Schweißdrüsen),
› Subcutis (Unterhaut, vorwiegend bestehend aus Fettgewebe, das größere Blutgefäße, Nerven und Sinneszellen enthält).
› Dazu kommen die so genannten Hautanhangsgebilde (Haare mit Talgdrüsen und Haarbalgmuskeln sowie Nägel und Schweißdrüsen).

Die Hautfunktionen

Unsere Haut agiert mit der Umwelt auf mechanischer, chemischer und immunologischer Ebene. Die gesunde Haut ist dicht besiedelt von bestimmten Mikroorganismen, wie Bakterien und Pilzen. Sie sind natürlicher Bestandteil der Hautoberfläche und werden Hautflora genannt. Damit die Haut ihrer Schutzfunktion nachkommen kann, sind diese Keime ausgesprochen nützlich, schließlich verteidigen sie ihr Revier, beispielsweise vor Krankheitserregern.

Die zentralen Funktionen der Haut sind

› Temperaturregelung: Normalerweise beträgt die Hauttemperatur 36,5 °C – unabhängig von der Außentemperatur. Um sich vor Auskühlung oder Überhitzung zu schützen, verändert der Körper die Hautdurchblutung. Wird es zu warm, wird der Hautoberfläche außerdem durch die Verdunstungskälte beim Schwitzen Wärme entzogen.

› Schutz vor Verletzungen: Kleinere mechanische Einflüsse auf die Haut, wie Druck, Stoß, Reibung oder Verletzungen fängt die Stabilität der Hornschicht ohne Schaden ab. Tiefer abgeschürfte Hautstellen werden durch Absonderung von Wundsekret und durch Blutbestandteile vor schädlichen Einflüssen abgeschirmt.

› Schutz vor dem Eindringen von Erregern bzw. Fremdsubstanzen: Ebenso wie vor Keimen und kör-

13

perfremden Substanzen schützt die Haut auch vor chemischen Einflüssen, wie etwa Säuren und Laugen. Mit Unterstützung des Immunsystems werden eingedrungene Mikroorganismen, Bakterien und Viren abgewehrt.

> Schutz vor Sonnenstrahlen und Austrocknung: Da die Hautoberfläche in der Lage ist, Strahlen zu reflektieren und im Inneren zu absorbieren, ist der Organismus vor der besonders schädlichen UV-B-Strahlung (315-280 nm) geschützt. Gegen die längerwellige UV-A-Strahlung (380-315 nm) kann sich die Haut selbst nicht schützen.

> Aufnahme von Berührungsreizen: Unsere Haut nimmt die unterschiedlichsten Reize auf und leitet diese Informationen ans Gehirn weiter. Deshalb sind neben den Schmerz-, sowie den Wärme- und Kälterezeptoren die mechanisch empfindlichen Nervenenden der Haut unsere wichtigsten Sinnesorgane. Nicht zuletzt sind diese auch für den Tastsinn verantwortlich. Als hochempfindliches Sinnesorgan ist die Haut auch ein wichtiger Faktor in den zwischenmenschlichen Beziehungen. Als Spiegelbild unseres Befindens und unserer Persönlichkeit spielt sie eine wichtige Rolle für unser Selbstwertgefühl und wie wir von anderen wahrgenommen werden.

ℹ️ Vorposten des Immunsystems

• Viele Hautzellen sind an der Abwehr von Fremdkörpern beteiligt. Dabei gehören einige Zellen – wie die Langerhanszellen – ausschließlich dem Immunsystem der Haut an. Diese ursprünglich aus dem Knochenmark stammenden Zellen besiedeln die Epidermis und sind quasi der äußerste Posten unseres Immunsystems. Die Langerhanszellen können Antigene, also Viren oder so genannte Kontaktallergene, die Allergien hervorrufen, erkennen. Sie haben sich zugleich darauf spezialisiert, ruhende T-Helfer-Zellen zu aktivieren. Diese steuern die Immunantwort des Körpers und machen die Antigene unschädlich.

• Im Inneren enthält die Haut darüber hinaus adulte Stammzellen. Aus diesen Basiszellen des Körpers bilden sich die verschiedenen Gewebe – Haut, Muskeln, Knochen, Blut, Nerven sowie sämtliche Organe. So entwickeln sich aus dem »Allround-Talent« Stammzelle Spezialisten, die je nach Organbereich bestimmte Aufgaben und Funktionen übernehmen. Außerdem bringen Stammzellen immer wieder neue Stammzel-

len hervor, damit sich der Vorrat nicht erschöpft. Dank dieser Fähigkeit erledigen Stammzellen wichtige Reparaturfunktionen im Körper.

Woran man das Alter der Haut erkennt

Da die Haut wie kein anderes Organ den Zustand von Körper und Seele spiegelt, lassen sich auch der individuelle Ernährungszustand und das Alter am Hautbild ablesen. Der so genannte Hautturgor gibt Aufschluss über den Wassergehalt der Haut sowie des gesamten Körpers. Eine gesunde Ernährung und ein ausgeglichener Flüssigkeitshaushalt sorgen dafür, dass die Haut elastisch bleibt. Unabhängig davon verändert sie sich jedoch mit dem Alter: Der Flüssigkeitsgehalt sinkt und die Straffheit des Bindegewebes in der Lederhaut lässt nach.

Mangelerscheinungen vermeiden

Besonders sichtbar wird das Alter eines Menschen an seinen Händen, da diese im Alltag am meisten beansprucht werden. Altersbedingte Hautveränderungen können durch falsche Ernährung und schädliche Gewohnheiten oder Umstände (Noxen), insbesondere durch Tabakrauchen oder zu starke Belastung durch UV-Licht, wesentlich beschleunigt werden.

Wichtig ist vor diesem Hintergrund nicht nur eine ausgewogene Kost sondern auch ausreichend, auf den individuellen Energiebedarf abgestimmte Kalorien. Wer hingegen seine Kalorienaufnahme zu stark reduziert, fördert den Alterungsprozess seiner Haut: Kaloriendefizite führen zur Verdünnung und vermehrter Verletzlichkeit der Haut, zu Hauttrockenheit (Xerosis) und Schuppung. Die Haut wird faltig und verliert an Spannkraft, verursacht durch den Verlust an Fettgewebe unter der Haut. Zudem verändert sich der Hautton und entwickelt ein weißlich-gräuliches Kolorit, bedingt u. a. durch Blutarmut sowie eine weniger starke Durchblutung, da sich die kleinen Hautgefäße zusammenziehen (Vasokonstriktion). Auch so genannte Altersflecken oder bräunliche Pigmentierungen um Mund und Augen können sich einstellen. Die Nägel wachsen langsamer und reißen leichter ein. Auch die Haare werden dünner, trockener, grauer und fallen schneller aus. Dies kann eine Folge von Eiweißmangel und insbesondere an den Aminosäuren Methionin, Tryptophan oder Cystein sein.

Bei einer gewissen Sorgfalt im Umgang mit seiner Haut sowie dem Vermeiden gesundheitsschädlicher Angewohnheiten in Kombination mit ausgewählten Nahrungsmitteln kann der Alterungsprozess der Haut mit großer Wahrscheinlichkeit verlangsamt werden: Wir wirken jugendlicher und frischer und fühlen uns wohl in unserer Haut.

Well-Aging-Stoffe für Ihre Haut

Für eine gesunde, jugendliche Haut, festes, glänzendes Haar und intakte Nägel ist eine ausgewogene Ernährung entscheidend. Sie muss den täglichen Kalorienbedarf decken und den Körper mit ausreichend Aminosäuren, Antioxidanzien, Vitaminen und Spurenelementen versorgen.

Beta-Carotin

Eine besondere Bedeutung für eine frische gesunde Haut kommen den so genannten Antioxidanzien wie Beta-Carotin zu. Zudem schützt der orange Farbstoff gegen UV-Strahlung. Besonders effektiv ist das Beta-Carotin in Kombination mit Vitamin E, denn bei gesteigerter Beta-Carotin-Zufuhr und gleichzeitiger UV-Strahlenbelastung wird vermehrt Vitamin E verbraucht. Im Sommer sollten deshalb Beta-Carotin- und Vitamin-E-reiche Nahrungsmittel bevorzugt werden. Bei Sonnenbrand helfen neben beruhigenden Hautlotionen deshalb auch Nahrungsmittel wie Möhren, Spinat, Rote Bete, Grünkohl, aber auch Aprikosen und Melonen (Beta-Carotin-Quellen), am besten kombiniert mit Weizenkeimöl, Sonnenblumenöl, Olivenöl, Butter oder Nüssen (Vitamin-E-Quellen).

Vitamine A, D, E und K

Ein Mangel an den fettlöslichen Vitaminen A, D, E und K ist in den Industrieländern selten, weil für diese Vitamine in den Fettspeichern lang anhaltende Depots gebildet werden können. Vitamin K_1 findet sich in den Zellorganellen (Chloroplasten) grüner Pflanzen, wie etwa Schnittlauch oder Rosenkohl, aber auch in Kalbsleber, Eiern, Speisequark, Champignons und Erdbeeren, während Vitamin K_2 von der Darmflora synthetisiert wird. Vitamin D wird als inaktive Vorstufe aus dem Darm aufgenommen und muss zuerst in der Haut unter Sonnenstrahleinwirkung, dann in der Leber oder Niere zur aktiven

Form transformiert werden. Ein Mangel kann somit entweder ernährungsbedingt oder durch zu wenig Aufenthalt an der frischen Luft und in der Sonne verursacht sein.

Vitamine der B-Gruppe

Unter den wasserlöslichen Vitaminen spielen Vitamin B_2 (Riboflavin), B_6 (Pyridoxin), B_7 (Biotin) und B_{12} (Cobalamin) eine wichtige Rolle für die Hautgesundheit.

› Riboflavin kommt unter anderem in Milch und Milchprodukten, Hefe, aber auch in Gemüse (Brokkoli, Spargel oder Spinat), Fisch, Fleisch, Eiern und Vollkornprodukten vor. Auch in Hefe ist reichlich Vitamin B_2 enthalten.

› Vitamin B_6 findet sich in vielen Nahrungsmitteln, darunter Milchprodukten, Fleisch, Fisch, Kohl, grüne Bohnen, Linsen, Feldsalat, Vollkornprodukte, Weizenkeime, Nüsse, Hefe und Bananen. Je mehr Eiweiß der Körper aufnimmt, desto mehr Vitamin B_6 benötigt er. Schließlich wirkt das phosphorylierte Vitamin B_6 als Coenzym im Aminosäurestoffwechsel, in der Synthese des roten Blutfarbstoffs sowie beim Abbau von tierischer Stärke (Glykogen).

› Biotin, auch Vitamin B_7 oder H genannt, reguliert verschiedene Stoffwechselvorgänge. Reichste Quelle an Biotin ist Backhefe, es kommt aber auch in Weizenkleie, Leber und Spinat vor.

› Vitamin B_{12} spielt eine zentrale Rolle bei Zellteilung und Blutbildung (»Perniziosa«), beim Abbau von Fettsäuren sowie für die Funktion des Nervensystems (»sensorische Neuropathie«). Vitamin B_{12} wird sehr gut in der Leber gespeichert und ist in Nahrung tierischer Herkunft fast überall enthalten.

Spurenelemente

› Zink: Unter den für die Hautgesundheit wichtigen Spurenelementen ist besonders Zink hervorzuheben. Eine ausreichende Zinkzufuhr ist möglich durch eine Ernährung aus rotem Fleisch, Fisch, Milch, Vollkornprodukten, Ölsaaten wie Sesam, Mohn, Kürbiskerne, Sonnenblumenkerne, Erdnüsse und Pekannüsse, Pilzen, Hefen und Linsen.

› Selen: Das Spurenelement ist wichtig für einen wirksamen UV-Schutz, denn es unterstützt den Abbau von Freien Radikalen. Selen steckt beispielsweise in Knoblauch, Kokosnüssen, Steinpilzen, Weizenkeimen und Eigelb.

Motor des Körpers:
Die Muskulatur

Bringen Sie Bewegung in Ihr Leben, am besten mit gelenkschonenden Sportarten.

Unsere Muskulatur dient nicht nur der Fortbewegung und der Ausführung von Tätigkeiten, sondern auch lebenswichtigen Bewegungsvorgängen, wie beispielsweise der Atmung. Die Gesamtmuskelmasse ist neben dem Nervengewebe der wichtigste Energieverbraucher im Körper. Warum ein sportlich aktiver Mensch mehr Energie als ein bequemer Zeitgenosse umsetzt, liegt auf der Hand: Er verbraucht mehr Kalorien durch Bewegung und durch ein Mehr an Muskelmasse. Letzteres hat eine bessere Durchblutung sowie einen höheren Sauerstoff- und Energiebedarf zur Folge, und das nicht nur beim Training, sondern auch in Ruhe. Aus diesem Grund sind körperliche Bewegung und Krafttraining der beste Garant für eine gute Figur. Zwar kann ein bereits bestehendes Übergewicht durch sportliche Aktivität kaum beseitigt werden – hier spielt eine Ernährungsumstellung die größere Rolle –, aber das Gewicht lässt sich leichter halten.

Die verschiedenen Muskelgruppen

Unser größter Muskel ist der Große Rückenmuskel *(Musculus latissimus dorsi)*, der stärkste der Kaumuskel *(Musculus masseter)*, der längste der Schneidermuskel des Oberschenkels *(Musculus sartorius)*, die aktivsten die Augenmuskeln und der kleinste der Steigbügelmuskel *(Musculus stapedius)* im Innenohr. Einer der interessantesten Muskeln im Körper ist das Zwerchfell: Es ist der wichtigste quer gestreifte Muskel zur Sauerstoffgewinnung und zur Abatmung von Kohlendioxid, fördert zwei Drittel der Atemkapazität und befindet sich rund um die Uhr im Einsatz. Dadurch ist er der Muskel mit dem höchsten Energieverbrauch.

Grundsätzlich unterscheidet man die gesamte Muskulatur nach ihrem Feinbau und ihrer Funktion in glatte Muskulatur, quer gestreifte Muskulatur und Herzmuskulatur:

> Die nicht dem Willen unterworfenen glatten Muskeln bauen die Eingeweide-Muskeln auf. Sie arbeiten meist langsam und können ihre Arbeit ohne größeren Energieverbrauch über einen längeren Zeitraum aufrechterhalten.

> Die quer gestreiften Muskeln sind bis auf eine Ausnahme (Herzmuskel) dem Willen unterworfen. Sie sind das Baumaterial für die so genannte Skelettmuskulatur. Quer gestreifte Muskeln arbeiten schnell und sind extrem leistungsfähig.

Alle Muskeln beziehen ihre Energie aus Nährstoffen (Aminosäuren, Kohlenhydrate, Fettsäuren), die ihnen über das Blut zugeführt werden.

Muskeln brauchen Energie

Der Energieverbrauch eines Menschen wird unterteilt in seinen Ruheenergieverbrauch (Grundumsatz) und seinen leistungsabhängigen Energieverbrauch (Leistungsumsatz). Unter Grundumsatz versteht man den Energiebedarf des Körpers in Kilojoule (kJ), den er benötigt, um seine Grundfunktionen im Ruhezustand aufrechtzuerhalten. Der Grundumsatz ist abhängig von Geschlecht, Alter, Körpergröße, Körpergewicht, Körpertemperatur, Gesundheitszustand und reiner Muskelmasse.

Der Grundumsatz, also der Kalorienverbrauch im Ruhezustand, beträgt:

> beim Mann etwa 80 W = 6900 kJ pro Tag oder 1650 kcal pro Tag.

> bei der Frau etwa 70 W = 6000 kJ pro Tag oder 1450 kcal pro Tag.

Ihren individuellen Grundumsatz können Sie nach der einfachen Formel »1 Kilokalorie pro Kilogramm Gewicht und Stunde« abschätzen. Ein 90 Kilogramm schwerer Mann hätte demnach einen Grundumsatz von 90 x 24 = 2160 Kalorien.

Der Leistungsumsatz dagegen entspricht im Durchschnitt 50-110 Prozent des Grundumsatzes. Bei leichter Tätigkeit beträgt er: 35 W = 3000 kJ pro 24 Stunden = 700 kcal pro Tag.

Bei leichter bis mittlerer körperlicher Aktivität beträgt der gesamte Energieumsatz demnach etwa 115 W = 10.000 kJ pro Tag oder 2400 kcal pro Tag.

Bei schwerer Arbeit beträgt er bis zu 250 W = 21.000 kJ pro Tag = 5000 kcal pro Tag.

Bewegung hält jung!

Allein durch regelmäßige Bewegung unliebsame Pfunde zu reduzieren ist unmöglich. Eine negative Energiebalance erreicht man nur durch eine entsprechende Ernährungsumstellung. Trotzdem ist Bewegung für Menschen jeder Altersgruppe aus medizinischer Sicht uneingeschränkt empfehlenswert:

• Ausdauersport wie Radfahren, Nordic Walking, Schwimmen oder Wandern verbessert Ihre körperliche Fitness, erhöht die Stoffwechselrate und kann Ihnen dabei helfen, Ihr Wunschgewicht zu halten. Zudem ist regelmäßiges, maßvolles Training ideal für eine gute Grundausdauer. Für eine verbesserte Herz-Kreislauf-Leistung ist Ausdauersport das A und O. Bei allen Ausdauersportarten wird nicht nur die Muskulatur angesprochen. Auch der Sehnen- und Bänderapparat sowie das Skelett erhalten wertvolle Impulse, die zu Aufbautätigkeiten im Körper anregen. Abgesehen davon, dass Bewegung an der frischen Luft für einen klaren Kopf sorgt: Ihr Gehirn ist damit beschäftigt, die Bewegungsprozesse zu koordinieren und zu unterstützen und hat keine Zeit, sich mit anderen Dingen herumzuschlagen. Sicher ist, dass Stresshormone abgebaut werden und sich die Laune hebt.

• Krafttraining in Kombination mit Dehn- und Koordinationsübungen (z. B. Yoga oder T'ai Chi Chuan) dagegen ist der Anti-Aging-Joker schlechthin: Eine gut trainierte Muskulatur sorgt für mehr Körperkraft, Mobilität, eine gute Körperhaltung und stabilisiert den Rumpf. Grundumsatz und Stoffwechselleistungen steigen an und Ihr Energieverbrauch im Alltag wird höher. Auch der Nachbrenneffekt ist beachtlich, schließlich verbrennen Muskeln auch im Schlaf Kalorien. Neuere Studien zeigen darüber hinaus, dass Senioren genauso Muskeln aufbauen können wie jüngere Menschen. Durch regelmäßiges, maßvolles Kraft- und Ausdauertraining kann altersbedingten Beschwerden wie etwa Knochenbrüchigkeit (Osteoporose) oder Gelenkverschleiß (Arthrose) effektiv vorgebeugt werden.

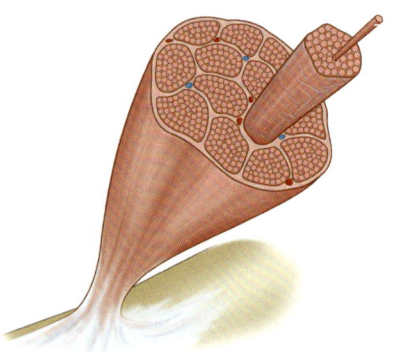

*Blick in Ihre Innenwelt: Muskeln soll-
ten regelmäßig trainiert werden, damit
die Muskelfasern in Form bleiben.*

Wenn die (Muskel-)Kraft nachlässt

Im Alter wird die Muskelmasse weniger und die Fähigkeit der Muskulatur, sich Energie aus Sauerstoff und Nahrung zu ziehen, lässt nach. Wer träge wird und seine Muskeln im Alter immer weniger nutzt, bringt sie unweigerlich zum Schrumpfen. Dabei sinken der Grundumsatz und der Kalorienbedarf und der Hunger nimmt ab. In der Folge wird die Nahrungszufuhr reduziert: Das betrifft allerdings nicht nur die Energieträger Kohlenhydrate, Eiweiß und Fett (was sinnvoll ist), sondern auch die Menge an Mikronährstoffen, das sind Vitamine, Spurenelemente und sekundäre Pflanzenstoffe. Mehr als 50 Prozent der älteren Menschen nehmen nur unzureichend Vitamine zu sich, mit wahrscheinlich vollkommen unterschätzten Konsequenzen, was in den meisten Fällen durch eine bewusste Ernährung leicht zu beseitigen wäre. Durch den Muskelabbau kommt es schließlich zum Verlust an Körper- und vor allem an Schnellkraft. Zudem wird das Hormonsystem beeinträchtigt, das durch die verminderte Beanspruchung und eine Mangelernährung zu wenig stimuliert wird und so ungünstige Voraussetzungen für Muskelwachstum schafft.

Ein Teufelskreis kommt in Gang

Der Muskelschwund im Alter (Sarkopenie) ist eines der auffälligsten biologischen Alterungsmerkmale. Dabei nimmt bei jedem Menschen bereits ab dem 30. Lebensjahr die Muskelkraft ab. Arbeiten, die man in jungen Jahren leicht bewältigen konnte, werden im Alter zunehmend zur Anstrengung. Neben den oben genannten Ursachen liegt ihr insbesondere

eine mangelhafte Versorgung an hochwertigen Eiweißen zugrunde. Insofern wird es mit dem Alter immer wichtiger, ausreichend Eiweiß in Form von Fleisch, Fisch und Milchprodukten zu sich zu nehmen und gleichzeitig für ausreichend Bewegung zu sorgen. Zusätzlich könnten Flavonoide wie Quercetin und Kaempferol dazu beitragen, dass die Muskelleistung optimiert wird. Auf diese Weise kann durch Ernährung auch die allgemeine Beweglichkeit verbessert und das bei älteren Menschen häufig verbreitete Gefühl des Frierens reduziert werden.

Schlüsselmoleküle mit Anti-Aging-Power

In den letzten Jahren konnten einige wichtige Mechanismen der Regulierung des Energieverbrauchs im Körper geklärt werden. Dabei spielen die Mitochondrien, das sind kleine Zellbestandteile, die sich vor allem in Muskelzellen finden, eine zentrale Rolle. Diese »Kraftwerke« der Zelle enthalten eine Reihe von Schlüsselmolekülen, wie beispielsweise Cardiolipin oder die so genannten »Uncoupling proteins« (UCP1 bis 4). UCP1 findet sich in dem so genannten braunen Fettgewebe, wandelt Energie in Hitze um und soll den Körper vor dem Auskühlen bewahren. Braunes Fettgewebe ist das Gegenstück zu weißem Fettgewebe, aus dem die ungeliebten und gesundheitlich bedenklichen Fettpolster bestehen. Im Vergleich zum weißen Fett ist braunes somit ein wahrer Energiefresser. UCP2 findet sich in der Leber, den Immunzellen und den Zellen der Bauchspeicheldrüse, wo Insulin produziert und von UCP2 reguliert wird. UCP3 ist vorwiegend in der Skelettmuskulatur und im weißen Fett vorhanden. Beide regulieren den aus der Ernährung und insbesondere durch Fett induzierten Energiegrundumsatz, weshalb sie eine wichtige Rolle bei der Gewichtskontrolle spielen. UCP4 findet sich ausschließlich im Gehirn. Diese Proteine spielen neben der Produktion von ATP eine wichtige Rolle bei der Kontrolle der Freien Radikalen in der Zelle, und damit bei der Kontrolle von Zellschäden und Zellalterung. Somit sind UCPs nicht nur Regulatoren des Energieumsatzes, sondern auch bei der Entstehung von Übergewicht, Diabetes, Fettstoffwechselstörungen und nicht zuletzt von Alterungsprozessen beteiligt.

Ergänzen Sie Ihr Muskelkraft-Training durch ausgleichendes Dehnen.

Well-Aging-Stoffe für Ihre Muskeln

Tatsächlich lässt sich die Aktivität der UCPs steigern, um Alterungsprozesse und Entstehung von Stoffwechselstörungen aufzuhalten. Denn die UCPs werden einerseits über unser Erbgut, andererseits durch Inhaltsstoffe unserer Nahrung reguliert.

Proteine

Die tägliche Proteinzufuhr sollte 1–1.5 g pro kg Körpergewicht betragen, d.h. 70 bis 105 g pro Tag oder 500–750 g pro Woche. Die Proteinquellen sollten zu 1/4 aus Milchprodukten, zu 1/4 aus pflanzlichen Nahrungsmitteln und zu 1/4 Fleisch und 1/4 Fisch stammen, da alle Proteinquellen unterschiedliche Plus- und Minuspunkte aufweisen.

Kaempferol

Das natürliche Flavonoid, welches in roten Weintrauben, Ginkgo, Grapefruits und anderen Pflanzen vorkommt, steigert den Energieverbrauch durch Erhöhung des UCP_3 und anderer Moleküle und kann damit Stoffwechselerkrankungen vorbeugen. Auch in Hopfen finden sich neben Catechinen und Epicatechinen das Kaempferol sowie das verwandte Quercetin.

Coenzym Q 10

Ein anderes Schlüsselmolekül der Energiegewinnung in der Muskelzelle ist das Ubichinon, das im menschlichen Körper als Coenzym Q10 vorkommt. In seiner reduzierten Form (Ubiquinol) wirkt es als Antioxidanz, indem es Vitamin C und E regeneriert. Es wird zum Teil über die Nahrung aufgenommen, aber auch im Körper selbst hergestellt. Organe mit hohem Energiebedarf, wie Herz, Lunge und Leber, weisen deshalb auch die höchste Coenzym-Q10-Konzentration auf. Ein Mangel entsteht durch altersbedingte Abnahme der Coenzym-Q10-Konzentration, körperliche Anstrengung, Stress, erhöhten Alkohol- und Nikotinkonsum sowie Krankheiten. Bei ausgewogener Ernährung ist die Zufuhr des Coenzyms im Normalfall sichergestellt. Es findet sich in Fleisch, besonders in Innereien (Leber), fettem Fisch (Sardinen, Makrelen), Nüssen (z. B. Pistazien), Hülsenfrüchten, Sesam, Pflanzenölen und Gemüse. Große Hitze bei der Zubereitung kann das Coenzym zerstören.

Carnitin

Bewegung führt zu einem Anstieg der Konzentration von Carnitin im Muskel, was für die Energiegewinnung aus langkettigen Fettsäuren und anderen Nahrungsstoffen wichtig ist. Der menschliche Körper kann Carnitin aus den Aminosäuren Methionin und Lysin selbst bilden, nimmt es jedoch hauptsächlich über Fleisch auf. L-Carnitin befindet sich in großen Mengen in rotem Fleisch, insbesondere in Hammel- und Lammfleisch. Geflügel dagegen ist carnitinärmer, während vegetarische Lebensmittel wenig oder gar kein L-Carnitin enthalten. Deshalb ist es für Vegetarier besonders wichtig, den Bedarf durch Nahrungsmittel mit Vitamin C, Vitamin B_6, Niacin und Eisen in ausreichender Menge zu decken. Einfacher lässt sich der Bedarf mit Fleisch auffangen, denn das darin enthaltene Carnitin kommt im Muskel an und sichert gleichzeitig eine ausreichende Proteinzufuhr, die der Muskel ebenfalls braucht.

19

Zentrum der Lebenskraft –
Herz und Kreislauf

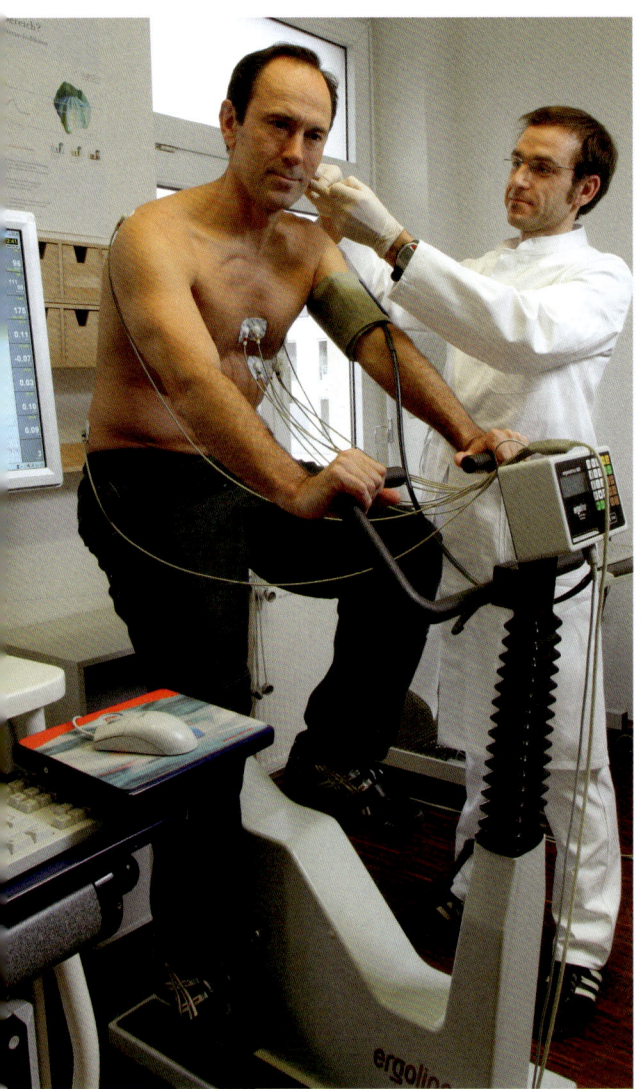

Treten Sie mal so richtig in die Pedale. Mit einem Belastungs-EKG können Sie Ihren Fitnessstatus checken und Durchblutungs- und Herzrythmusstörungen aufdecken.

In den letzten 125 Jahren hat sich die durchschnittliche Lebenserwartung in Deutschland mehr als verdoppelt. Die Gründe dafür sind vielfältig und umfassen eine verbesserte medizinische Versorgung, bessere Hygiene, aber auch einen höheren Arbeits- und Unfallschutz sowie wachsenden Wohlstand und damit angenehmere Lebensbedingungen. So werden wir gesamtgesellschaftlich gesehen zwar älter als Generationen von Menschen vor uns, trotzdem hinterlässt ein langes Leben in jedem Körper Spuren. Heute stellen deshalb insbesondere solche Erkrankungen bei älteren Menschen ein Problem dar, die sich über viele Jahre entwickeln: Dazu gehören die Herz- und Kreislauf-Erkrankungen, die weltweit als führende Todesursache rangieren.

Koronare Risikofaktoren

Unsere Herzmuskulatur stellt zwar eine Sonderform des quer gestreiften Muskelgewebes (siehe Seite 17) dar, die in besonderem Maße zu Dauerleistungen befähigt ist, dies allerdings nur, solange wir einen Lebensstil pflegen, der auch zur Herzgesundheit beiträgt. Geschädigt werden unsere Herz- und Kreislauf-Funktionen vor allem durch so genannte koronare Risikofaktoren. Dazu gehören: Bluthochdruck, zu wenig Bewegung, psychische Überlastung (Stress) und Lebensangst, ungünstige Ernährungsgewohnheiten (Übergewicht), Rauchen (bei Frauen auch in Zusammenhang mit empfängnisverhütenden hormonellen Mitteln), zu wenig Schlaf, Arzneimittelmissbrauch, Stoffwechselstörungen (v. a. Diabetes mellitus Typ 2 und Hypercholesterinämie). Insbesondere Menschen mit einer familiären Veranlagung für Herz-Kreislauf-Erkrankungen können mit einer entsprechenden Lebensweise viel zu ihrer Herzgesundheit beitragen.

Wenn das Herz schlapp macht

Hauptursache für Herz- und Kreislauf-Erkrankungen ist die Arteriosklerose. Cholesterin und Entzündungsstoffe, die vor allem im Bauchfett freigesetzt werden, bringen eine Gefäßverkalkung (Arteriosklerose) in Gang. Die Verkalkung selbst ist ebenfalls ein entzündlicher Prozess: Bei Bluthochdruck, Angina pectoris, Nierenschwäche, Herzinfarkt und Schlaganfall spielen Gefäßwandveränderungen eine entscheidende Rolle. Sie entstehen durch so genannte Fresszellen, die an den Innenwänden der Blutgefäße anhaften und Cholesterin, Fett und Kalk einlagern. In diesen Ablagerungen (Plaques) nisten sich Bakterien ein und verstärken die Entzündung. In der Folge verlieren die Gefäße an Elastizität und sie werden enger, was zu Beginn noch keine Beschwerden verursacht. Erst mit der Zeit behindern diese Engpässe den Blutfluss und unterbrechen ihn im Extremfall ganz. Die betroffenen Gewebe und Organe erleiden Funktionsbeeinträchtigungen bis hin zum Totalausfall großer Organbereiche, wie beim Herzinfarkt oder Schlaganfall.

Herz in Gefahr:
Das Metabolische Syndrom

Fachleute sprechen insbesondere in Zusammenhang mit einem bauchbetontem Übergewicht von einem erhöhten kardiovaskulären Risiko, also der Gefahr an Herz-Kreislauf- bzw. Stoffwechselbeschwerden zu erkranken. Vermehrtes Bauchfett, das sich um die inneren Organe anlagert, verstärkt dabei gefährliche Entzündungsprozesse im Körper. Sie sind häufig Vorboten von schweren Krankheiten: Das Metabolische Syndrom nennt man ein Krankheitsbild, das durch verschiedene Stoffwechselveränderungen zustande kommt.

Wie es dazu kommt

Die vier entscheidenden Risikofaktoren sind abdominelle Adipositas (bauchbetontes Übergewicht), Bluthochdruck, eine Fettstoffwechselstörung sowie Diabetes. Dabei werden vor allem im Fettgewebe enthaltene Botenstoffe (Adipokinine und Zytokine) freigesetzt, die eine Entzündungsreaktion im Körper und eine gestörte Appetitregulation zur Folge haben. Es kommt zu einem Anstieg der Blutfette (Hyper-lipidämie), einer Verwertungsstörung der Glukose (gestörte Glukosetoleranz), zu einer Schädigung der Gefäßwände mit Bluthochdruck (Hypertonie) und Niereninsuffizienz. Jeder vierte Erwachsene in der westlichen Welt leidet heute an diesem Syndrom. Laut IDF (= International Diabetes Foundation)-Kriterien besteht es, wenn folgende Merkmale zutreffen:

1. Bauchumfang: > 94 cm bei Männern, > 80 cm bei Frauen,
2. zusätzlich zwei von folgenden vier Kriterien erfüllt sind:

› Blutdruck: > 130/85 mmHg
› Nüchtern-Blutzucker: > 5,6 mmol/l
› HDL-Cholesterin: > 40 mg/dl bei Männern, > 50 mg/dl bei Frauen
› Triglyzeride: > 150 mg/dl.

Essen kann krank machen

Etwa 40 Prozent der Erwachsenen leiden in Deutschland an Übergewicht, dabei liegen Männer deutlich vor Frauen. Ursache sind falsche Ernährungsgewohnheiten und bis zu einem bestimmten Grad auch die Gene. Verallgemeinernd lässt sich sagen, dass zu viel, zu fett und zu süß gegessen wird, bei einem gleichzeitigen Mangel an lebenswichtigen Vitalstoffen. Dickmacher sind Nahrungsmittel mit hoher Energiedichte, also vielen Kalorien in wenig Volumen, sowie einem hohen glykämischen Index (GLYX). Dazu zählen Weißbrot, Nudeln aus Weißmehl, geschälter Reis, Chips, Limonade, gesüßte Fruchtsäfte, Wurst, fettes Fleisch, Weichkäse, Süßigkeiten, Kuchen oder Bier. Zu kurz kommen bei einer solchen Ernährungsweise gesunde Ballaststoffe sowie lebenswichtige Mineralien und Vitamine.

Dickmacher Alkohol

Bier und Wein sind neben weißem Zucker, weißem Mehl und versteckten Fetten die Dickmacher schlechthin. Mit sieben Kilokalorien pro Gramm hat Alkohol fast den Energiegehalt von Fett. Zudem macht Alkohol Appetit, indem er Insulin stimuliert und den Fettabbau unterdrückt. Außerdem steigert regelmäßiger Alkoholkonsum den Blutfettspiegel (Triglyzeride). Abhilfe schafft hier allein Genuss in gesunden Maßen, am besten kombiniert mit einer intelligenten Küche, wie wir Sie Ihnen ab Seite 38 vorstellen.

Sojabohnen und andere Hülsenfrüchte sollten als Eiweißlieferanten mit niedrigem GLYX ganz oben auf Ihrer Einkaufsliste stehen.

Well-Aging-Stoffe für Ihr Herz

Herz-Kreislauf-Beschwerden entstehen nicht nur aufgrund einer familiären Vorbelastung. Mit einem gesunden Lebensstil und einem gewissen Maß an Eigeninitiative kann jeder dafür sorgen, seine Herzfunktionen so lange wie möglich jung zu halten. Oberste Priorität hat dabei der Verzicht aufs Rauchen, aber auch Nichtraucher können aktiv etwas für ihre Herzgesundheit tun. Einer der wichtigsten Faktoren zur Vorbeugung von Herz-Kreislauf-Erkrankungen ist die Ernährung.

Auf die Fette kommt es an

Fett ist nicht gleich Fett. Echte Risikofaktoren für Entzündungsreaktionen im Körper und das metabolische Syndrom sind gesättigte Fettsäuren (GFS) und Trans-Fettsäuren (TFS). GFS kommen überwiegend in Fetten tierischen Ursprungs vor, wie etwa in Butter, Sahne, Schmalz und Wurstwaren, aber auch in Kokosnuss- und Palmkernfett. Sie sind fest und schmelzen erst bei großer Hitze. TFS entstehen durch industrielle Fetthärtung (beispielsweise bei Margarine), durch Garen und Braten bei hohen Temperaturen ab etwa 130 °C, aber auch durch bakterielle Fermentation, wie bei Milchprodukten, die bis zu vier Prozent TFS enthalten.

Ungesättigte Fettsäuren (EUFS) hingegen halten Herz und Kreislauf jung und gesund. Zu bevorzugen sind die EUFS in Olivenöl und Rapsöl aber auch die mehrfach ungesättigten Fettsäuren (MUFS), darunter insbesondere die Omega-3-Fettsäuren, die ebenfalls in Rapsöl und in Fischöl enthalten sind. Der lebensverlängernde und das kardiovaskuläre Risiko reduzierende Effekt der mediterranen Küche ist wahrscheinlich der Kombination aus EUFS und MUFS mit reichlich Obst, Gemüse und Ballaststoffen zu verdanken. Darauf gründet auch die Empfehlung, ein bis zwei Mal pro Woche Fisch zu essen.

Ballaststoffreiche Nahrungsmittel

Eine eiweißbetonte, natriumarme und ballaststoffreiche Ernährung ist ideal, um wirkungsvoll überflüssige Pfunde einzuschmelzen und seine Figur zu halten. Eine ballaststoffreiche Ernährung ist nicht nur für den Darm gut, sondern auch für Herz und Kreislauf. Das zeigt eine Analyse mehrerer entsprechender Studien, die US-amerikanische Mediziner im »Journal of Hypertension« vorstellen. Gerade bei Menschen mit bereits erhöhtem Blutdruck sinken die Werte, wenn sie langfristig den Anteil von Ballaststoffen an ihrer Ernährung steigern. (Journal of Hypertension, Vol. 23(3), März 2005, pp 475-81)

Bei Ballaststoffen unterscheidet man Zellulose (Getreide, Obst, Gemüse), Hemizellulose (Vollkorngetreide, Hülsenfrüchte, Gerste), Lignin (Obstkerne, Getreide), Pektin (Obst, Gemüse, insbesondere Äpfel und Quitten) sowie Alginate in Algen. Folgende Lebensmittel enthalten pro 100 Gramm: Vollkornreis (3,7 g), Roggenmischbrot (6,0 g), Müsli (4,6 g), Weizenkleie (49,3 g), Kartoffeln (1,9 g), Möhren (2,9 g), rote Paprika (3,6 g), Rosenkohl (4,4 g), Weißkohl (3,0 g), Blattsalat (1,8 g), grüne Erbsen (5,0 g), weiße Bohnen (7,5 g), Bananen (2,0), Apfel (2,3 g), getrocknete Aprikosen (8,0 g), getrocknete Feigen (9,6 g), Mandeln (9,8 g).

Bevorzugen Sie Vollkornprodukte, denn Sie sind reich an Vitaminen, Mineral- und Ballaststoffen.

Den Homocysteinspiegel prüfen

Der Homocysteinspiegel kann im Blut unter verschiedenen Bedingungen ansteigen. Dazu gehören erbliche Veranlagung, eine Unterversorgung mit B-Vitaminen, Nierenversagen, Schilddrüsenunterfunktion (Hypothyreose) aber auch Tabakrauchen. Untersuchungen haben gezeigt, dass das wasserlösliche Vitamin Folsäure (B_9) deutlich dazu beitragen kann, das Risiko einer Arteriosklerose zu senken. Die Beteiligung der Folsäure an der Zellreifung, -differenzierung und -teilung, insbesondere die der roten und weißen Blutkörperchen und der Schleimhautzellen wird derzeit intensiv untersucht. Als wissenschaftlich gesichert gilt, dass sich die Körperzellen bei einem Folsäuremangel nicht mehr ordnungsgemäß teilen und vermehren können. Folsäuremangel führt außerdem zu einem Anstieg des Homocysteinspiegels im Blut, wodurch sich das Risiko für Herz- und Gefäßkrankheiten wahrscheinlich erhöht. Homocystein ist ein körpereigener Giftstoff. Er entsteht beim Abbau von Eiweiß aus den einfachsten Eiweißbausteinen in der Nahrung, den so genannten Aminosäuren. Bei einem Folsäuremangel kann Homocystein nicht ausreichend abgebaut werden und verursacht mit der Zeit kleine Risse in der Gefäßwand. Der Körper dichtet die Verletzung ab, wodurch sich das Blutgefäß verengt und das Herzinfarktrisiko steigt. Zur Messung der Homocysteinkonzentration im Blutserum wird dem nüchternen Patienten eine Blutprobe am Morgen entnommen. Noch ist die Homocystein-Bestimmung keine ärztliche Standarduntersuchung. (Ärztezeitung, 27. 6. 2007)

Folsäure

Mit Hilfe von Folsäure, Vitamin B_6 und Vitamin B_{12} wird Homocystein in die Aminosäure Methionin umgewandelt. Folsäure ist enthalten in Leber, Vollkornprodukten, grünem Blattgemüse, Roter Bete, Spinat, Brokkoli, Möhren, Spargel, Rosenkohl, Tomaten, Eigelb und Nüssen. Neuere Untersuchungen zeigen, dass auch der Saft aus der Aroniabeere, der reich an Flavonoiden ist, viel Folsäure spendet. Die empfohlene Tagesdosis an Folsäure nach RDA beträgt 400 µg. Die Deutsche Gesellschaft für Ernährung e.V. empfiehlt mit Blick auf die Vorbeugung von Arteriosklerose 600 µg täglich für gesunde Erwachsene. Wünschenswert ist die Folsäurezufuhr in Form von natürlichen Nahrungsmitteln. Eine Nahrungsergänzung mit Folsäure sollten Sie unbedingt mit Ihrem Arzt absprechen.

Vitamin B_6

Das B-Vitamin ist unter anderem an der Synthese und am Abbau von Aminosäuren beteiligt. Im Eiweißstoffwechsel wandelt Vitamin B_6 Homocystein in die Aminosäure Cystein um. Indem es auch die Synthese von Lecithin unterstützt, trägt Vitamin B_6 zur Vernetzung von Kollagen- und Elastinfasern bei. Lecithin sorgt für ein elastisches Bindegewebe und für den Erhalt glatter Gefäßinnenwände. Ein ausreichend hoher Lecithinspiegel bindet zudem schädliches Blutcholesterin (LDL-Cholesterin).

Aktiver Lebensstil

Um den Kreislauf in Schwung zu halten, ist regelmäßige Bewegung die beste Medizin. Tatsächlich haben untrainierte Personen ein dreifach höheres Herzinfarktrisiko. Dabei genügt zweimal eine halbe Stunde leichtes Ausdauertraining pro Woche, um die Herzaktivität zu trainieren. Oft fällt es in der Gruppe leichter, regelmäßige Trainingszeiten einzuhalten. Besuchen Sie eine Sportgruppe für Senioren. Sportvereine und Volkshochschulen haben diesbezüglich ein breites Angebot. Denn viele Sportarten kann man bis ins hohe Alter ausüben. Und: Es ist auch nie zu spät mit dem Sporttreiben anzufangen. Doch auch ein gesunder Geist ist nötig, um den Körper vor Stress und damit vor erhöhtem Blutdruck zu schützen. Wer anfällig für Herz-Kreislauf-Beschwerden ist, sollte lernen besser mit Stress umzugehen und sich einen entspannenden Ausgleich schaffen.

Quelle des Wohlbefindens –
das Verdauungssystem

Dass die Gesundheit aus dem Darm kommt, wussten bereits die Ärzte der Traditionellen Chinesischen Medizin.

Magen- und Darmprobleme gehören zu den Beschwerden, die in erster Linie durch ungünstige Lebensgewohnheiten zustande kommen und den Körper schneller altern lassen. Dabei kann insbesondere eine intelligente Ernährung nicht nur Verdauungsbeschwerden selbst, sondern auch vielen Folgekrankheiten, wie eine erhöhte Infektanfälligkeit, Gelenkbeschwerden oder Autoimmunprozesse, vorbeugen. So kann das Verdauungssystem lange eine Quelle für psychisches Wohlbefinden und Gesundheit bleiben.

Magen und Darm

Der Verdauungsapparat nimmt eine der wichtigsten Aufgaben in unserem Organismus wahr: die Aufnahme, die Aufarbeitung und schließlich die Absorption von Nahrungsstoffen und Flüssigkeiten. Durch diesen Prozess werden aus den in der Nahrung enthaltenen Nährstoffen neue, für den Körper verwertbare, Bausteine hergestellt: aus Kohlenhydraten werden z. B. Traubenzucker (Glukose), aus Fetten (Triglyzeride) und aus Eiweißstoffen Aminosäuren.

Was Verdauung bedeutet

Verdauung bedeutet also zum einen, den Stoffwechsel erst einmal zu ermöglichen und für den Körper verwert- und nicht verwertbare Stoffe auseinanderzusortieren. So steht das Verdauungssystem in direkter Verbindung zur Umwelt.

Vom Mund in den Magen ...

Die Verdauung beginnt nicht erst im Magen und Darm, sondern schon im Mund. Hier wird die Nahrung durch Kauen und Einspeicheln sowie die ersten Verdauungsenzyme aufgespalten. Die Speiseröhre transportiert die Nahrung in den Magen, wo der saure Magensaft den Nahrungsbrei weiter zersetzt. Auch wird die Eiweißverdauung eingeleitet und Krankheitserreger abgetötet.

… und vom Magen in den Darm

Durch den so genannten Pförtner, einen Muskel am Magenausgang, gelangt der Speisebrei in den Darm. Der Dünndarm ist der wichtigste Ort für die Verdauung. Hier zerlegen eine Vielzahl von Verdauungsenzymen die Nahrung in so winzige Bestandteile, dass diese durch die Darmwand geschleust und vom Blut aufgenommen werden können. Die Muskeln um die Dünndarmwand sorgen für eine gute Durchmischung des Speisebreis und seinen Weitertransport in den Dickdarm. Hier werden der Masse Wasser und Mineralstoffe entzogen und der Brei weiter eingedickt. Die Darmflora im Dickdarm baut die unverdaulichen Nahrungsbestandteile, wie zum Beispiel Ballaststoffe, weiter ab. Ist der Darm gut gefüllt, transportieren die Darmmuskeln den Darminhalt weiter in Richtung Enddarm. Hier wird der Stuhl bis zur Ausscheidung gespeichert. Hat sich eine ausreichende Menge angesammelt, wird der Entleerungsreflex ausgelöst.

Wichtiger Verdauungshelfer: die Darmflora

Die Darmflora ist ein einzigartiges Phänomen im Verdauungsapparat. Sie besteht aus vielen Milliarden kleiner Mikroorganismen, die netzartig den gesamten Innenbereich des Darms überziehen. Lange Zeit war unklar, welche Funktion sie haben. Während solche Bakterienmengen im Körper normalerweise Entzündungen und Krankheiten hervorrufen, wird die Darmflora unter normalen Umständen toleriert. Die Darmbarriere sorgt dafür, dass sie im Dickdarm bleibt und nicht in den Organismus eindringt.

Ernährungsfehler meiden

Das Aufgabenspektrum der Darmflora reicht von der Aufbereitung der eingenommenen Nahrung über die Erzeugung wichtiger Nährstoffe bis hin zur Unterstützung unseres Immunsystems. Mit Hilfe der Darmflora werden aus Ballaststoffen und anderen komplexen Kohlenhydraten, die von körpereigenen Enzymen nicht verdaut werden können, kurzkettige Fettsäuren gebildet. Sie dienen den Darmzellen als lebensnotwendige Nahrungsstoffe. Um die Darmflora gesund zu erhalten, sollte vor allem ein Zuviel an einfachen Kohlenhydraten (z. B. weißes Mehl, weißer Zucker) sowie ein Übermaß an Alkohol vermieden werden. Ballaststoffe finden sich vor allem in den Randschichten des Korns, in Roggen- oder Weizenvollkornmehl und in Beerenfrüchten und Kohlarten wie Grünkohl, Rosenkohl und Weißkohl. Einen ebenfalls günstigen Ballaststoffgehalt weisen Hülsenfrüchte und getrocknete Früchte auf.

Darmträgheit, ein Alterssymptom?

Darmträgheit und Verstopfung sind nicht nur auf Alterungsprozesse zurückzuführen. Gesundheitliche Beschwerden, bestimmte Medikamente, hormonelle Schwankungen, Stress und Flüssigkeitsmangel können die Verdauungsfunktionen behindern. Insbesondere im Alter mehren sich allerdings die Faktoren, die eine Verstopfung hervorrufen oder verstärken. Das liegt daran, dass viele Vorgänge im Körper einfach langsamer als früher verlaufen. Das betrifft den Stoffwechsel genauso wie die Abgabe von Verdauungssekreten und die Aktivität der Dickdarmmuskeln. Zudem ist im Alter häufig das Durstgefühl geringer, ballaststoffreiche Lebensmittel werden nicht so gut vertragen und körperliche Aktivitäten fallen schwerer.

ℹ Aus dem Bauch heraus

Die Regulationsvorgänge im Verdauungsapparat werden durch das Darmnervensystem kontrolliert. Es stellt mit über 100 Millionen Neuronen die größte Ansammlung von Nervenzellen außerhalb des Zentralnervensystems (ZNS) dar und ist über den so genannten Vagusnerv mit dem Gefühlszentrum im Gehirn verbunden. So ist beispielsweise erklärbar, warum Ärger »auf den Magen schlagen« oder ein gutes Essen angenehme Gefühle hervorrufen kann. In der Neurobiologie ist man sich heute sicher, dass das Gehirn über den *nervus vagus* nicht nur über den aktuellen Zustand des Verdauungssystems, sondern auch über andere Organe sowie den Zustand des Immunsystems informiert wird.

Leber, Galle und Bauchspeicheldrüse

Die Verdauung im Darm wird durch mehrere innere Organe wesentlich unterstützt. Sie alle zusammen bilden eine Funktionseinheit. Obwohl wir sie normalerweise nicht fühlen, spielen Leber, Galle und Bauchspeicheldrüse eine wichtige Rolle bei der Regulierung unseres Körperhaushalts. Die Leber ist die größte Drüse im Körper und hat innerhalb des Stoffwechsels ein immenses Aufgabengebiet zu bewältigen. Die hoch spezialisierten Leberzellen sind mitverantwortlich für die Energieumsetzung im Körper und steuern den Umbau von Kohlenhydraten, Fetten und Eiweiß zu körpereigenen Substanzen. Die Leber bildet Galle. Diese Flüssigkeit ermöglicht unter anderem die Fettaufnahme im Darm.

Wichtige Regelorgane des Körpers

In der Gallenblase wird die aus der Leber stammende Gallenflüssigkeit gesammelt und schubweise in den Dünndarm ausgeschüttet. Die Bauchspeicheldrüse (Pankreas) stellt ebenfalls Verdauungssäfte (Amylasen, Lipasen, Trypsin, Chymotrypsin u. a.) her, die für die Zerlegung von Stärke und anderen komplexen Kohlenhydraten in Zweifachzucker (z. B. Maltase) sowie von Eiweiß in Peptide verantwortlich ist. Aktiviert wird diese Funktion, sobald wir etwas essen oder trinken. Eine andere Funktion des Pankreas ist die Hormonproduktion. In den so genannten Langerhansschen Inseln werden die beiden wichtigen Hormone Glukagon und Insulin gebildet. Beide wirken auf den Blutzuckerspiegel: Insulin senkt den Blutzucker, Glukagon steigert ihn.

So sorgen Sie optimal vor

Der tägliche Speiseplan hat einen großen Einfluss auf die Verdauung. Wie viel und was wir essen, wirkt sich umgehend auf unsere Verdauungsfunktionen aus. Dabei sind insbesondere Leber, Gallenblase und Bauchspeicheldrüse so wichtige Organe, dass man alles dafür tun sollte, Erkrankungen vorzubeugen. Diese entstehen häufig unbemerkt, da die Organe auch dann noch arbeiten, wenn sie ernsthaft geschädigt sind. Folgende Lebensgewohnheiten gefährden neben einer erblichen Veranlagung die Funktionen des Verdauungsapparats:

› zu viel, zu fett und zu süß zu essen
› zu hektisches, wenig genussvolles Essen
› Übergewicht
› zu wenig Bewegung
› Nikotin und gewohnheitsmäßiger Konsum von größeren Alkoholmengen
› unkontrollierte Medikamenteneinnahme über einen längeren Zeitraum
› zu wenig Entspannung im Alltag.

Die Umstellung auf eine vernünftige, genussvolle Ernährungsweise, die dem individuellen Energieverbrauch angemessen ist, gilt als eine der wirkungsvollsten Vorbeugemaßnahmen für alle Beschwerden des Verdauungsapparats. Auch die regelmäßige Kontrolle der entsprechenden Blutwerte beim Arzt ist eine wichtige Vorsorge.

 ## Wie der Blutzuckerspiegel im Lot bleibt

Das in der Bauchspeicheldrüse hergestellte Insulin reguliert die Konzentration von Traubenzucker (Glukose) im Blut. Vor allem nach der Aufnahme von Kohlenhydraten steigt der Blutzucker an. Durch den Einfluss des Insulins wird mehr Glukose im Zellinneren aufgenommen und in Energie umgewandelt. Beide Mechanismen bringen den Blutzuckerspiegel zum Sinken. Komplexe Kohlenhydrate, wie sie in Vollkornprodukten, Obst und Gemüse vorkommen, sorgen im Gegensatz zu einfachen Kohlenhydraten (z. B. in weißem Mehl und Zucker) für einen langsameren Abbau der Glukose, einen verzögerten Anstieg des Blutzuckerspiegels und damit für ein lang anhaltendes Sättigungsgefühl.

Well-Aging-Stoffe für das Verdauungssystem

Neben einer ausgewogenen, vernünftigen Ernährung können Sie mit einigen ausgewählten Nahrungsmitteln viel für die Vitalität Ihres Verdauungssystems tun.

Probiotika

Probiotika sind lebende Keime, die der Gesundheit und Vitalität des Darms förderlich sind. Sie kommen in Form von Milchsäurebakterien in Joghurt, Kefir,

Diese Beeren haben es in sich: Die in Weintrauben enthaltenen Polyphenole sind starke Antioxidanzien. Sie schützen u. a. das Herz-Kreislauf-System und halten die Gefäße elastisch.

Quark und anderen Sauermilchprodukten vor. Noch bis vor wenigen Jahren war das probiotische Konzept noch sehr umstritten. Nun konnten klinische Studien belegen, dass bestimmte Lactobacillus- oder sogar E.coli-Stämme das Immunsystem und die Darmgesundheit stärken.

Präbiotika

So genannte Präbiotika tragen dazu bei, das Wachstum von schädlichen Bakterien im Darm zu verringern. Sie stecken in Ballaststoffen und komplexen Kohlenhydraten und können das Wachstum oder die Wirkung von Probiotika günstig beeinflussen. Eine ausreichende Zufuhr von Ballaststoffen und der Ersatz einfacher Kohlenhydrate (z. B. Haushaltszucker, Fruchtzucker und Weißmehlprodukte) durch komplexe Kohlenhydrate (Ballaststoffe) wirkt sich in vielerlei Hinsicht vitalisierend auf das Verdauungssystem aus. Ballaststoffe kommen nur in pflanzlichen Lebensmitteln vor. Sobald Sie den Anteil pflanzlicher Nahrungsmittel in Ihrer Ernährung erhöhen, nehmen Sie automatisch mehr Ballaststoffe auf. Essen Sie deshalb reichlich frisches Obst und Gemüse sowie Vollkornprodukte. Zudem sorgen Ballaststoffe im Dickdarm für eine gesunde Darmflora und binden unerwünschte Stoffe wie Cholesterin, Gallensalze und giftige Substanzen. Auf natürliche Weise wird so der Darm entlastet und der Stuhl reguliert, Blähungen reduziert und das Wohlbefinden gesteigert. Nicht zuletzt wirkt eine ballaststoffreiche Ernährung vorbeugend gegen Darmkrebs. Wer täglich etwa 30 g Ballaststoffe verzehrt, starkes Übergewicht vermeidet und ab dem 45. Lebensjahr vorsorglich alle zehn Jahre eine Darmspiegelung vornehmen lässt, kann diese Gefahr weitgehend bannen. 30 g Ballaststoffe heißt z. B. 200 g Gemüse, 3 Äpfel o. a. Obst und 100 g Vollkornprodukte wie Brot/Nudeln (10 g).

Genügend trinken!

Im Alter nimmt das Durstgefühl ab. Stoffwechsel und Gehirn benötigen aber nach wie vor ihre Flüssigkeitsrationen, um gut zu funktionieren. Wer sich darüber hinaus ballaststoffreich ernährt, muss genügend trinken, um seine Darmpassage zu unterstützen. Ausreichend zu trinken kann man sich antrainieren. Stellen Sie sich morgens zwei Flaschen Mineralwasser oder zwei Thermoskannen Kräutertee bereit. Wenn Sie unterwegs sind, sorgen Sie ebenfalls dafür, dass Sie immer etwas zu trinken dabei haben. Wichtig ist nicht nur die Trinkmenge, sondern auch das, was Sie trinken. Empfehlenswert sind Mineral- und Leitungswasser, Kräuter-, Früchte- und andere koffeinfreie Tees sowie Saftschorlen aus 1:1 verdünnten Obstsäften. Meiden Sie reine Fruchtsäfte, denn Nektar oder Fruchtsaftgetränke enthalten viel Zucker.

Sekundäre Pflanzenstoffe

Auch Polyphenole (sekundäre Pflanzenstoffe) aus Tee entfalten einen präbiotischen Effekt, obwohl sie das Wachstum gesunder Bakterien nicht speziell fördern. Eine Studie belegt, dass Tee-Polyphenole dazu beitragen können, die mikrobielle Balance im Darm zu fördern und das Wachstum schädlicher Bakterien zu hemmen. Zudem wirken die im Tee enthaltenen Catechine (Polyphenole) antioxidativ und damit verjüngend.

Hormonumstellung und Wechseljahre

Bringen Sie Schwung und Lebensfreude in Ihren Alltag.

Die so genannten Wechseljahre stehen für Veränderungen im Körper, die beide Geschlechter gleichermaßen betreffen, auch wenn sie bei Männern weniger deutlich ausfallen. Bemerkbar machen sich diese Veränderungen um das fünfzigste Lebensjahr herum. Die Wechseljahre sind ein über mehrere Jahre verlaufender, natürlicher Prozess. Zwei Mal im Leben durchlaufen wir eine Hormonumstellung: Zur Zeit der beginnenden Geschlechtsreife (Pubertät) und gegen Ende der Geschlechtsreife. Bei Frauen nennt man diesen Zeitpunkt Menopause oder Klimakterium, bei Männern Andropause oder Klimakterium virile.

Abschied von der Fruchtbarkeit

Kern der Hormonumstellung ist bei der Frau der Verlust ihrer Fruchtbarkeit. Beim Mann bleibt die Zeugungsfähigkeit zwar grundsätzlich erhalten, doch sinkt die Wahrscheinlichkeit, bis ins hohe Alter noch fortpflanzungsfähigen Samen zu produzieren. Auch wenn die Wechseljahre mit vorübergehenden Beschwerden verbunden sein können, finden viele Frauen den Wegfall der Monatsblutung und/oder des prämenstruellen Syndroms als entlastend. Auch Gebärmuttermyome oder eine Endometriose können sich zurückbilden bzw. verschwinden.

Wie sich der Hormonhaushalt verändert

Mit zunehmendem Alter kommt es bei der Frau zu einer Abnahme der Gestagene und später der Östrogene, denn die Eierstöcke beenden ihre Produktion. Beim Mann nehmen die männlichen Geschlechtshormone (Androgene) ab, hier insbesondere Testosteron sowie eventuell Östrogene. Auch die Ausschüttung von Dehydroepiandrosteron (DHEA), einer Vorstufe der Geschlechtshormone aus der Nebenniere, lässt nach. Diesen Zustand nennt man Andropause. Hinzu kommt ein fortschreitender Mangel an Wachstumshormon (Somatopause), wodurch alle Aufbau- und Regenerationsprozesse im Körper verlangsamt stattfinden.

Beschwerden während der Wechseljahre

Hormonveränderungen machen sich durch bestimmte Symptome in unterschiedlicher Stärke bemerkbar. Zu den wichtigsten zählt bei der Frau das Ende der Periodenblutung. Weitere Hauptsymptome sind:

› Hitzewallungen
› Stimmungsschwankungen bis hin zu Depressionen sowie Gedächtnisstörungen, Schwindel, Müdigkeit und Reizbarkeit
› Schlafstörungen
› Harninkontinenz aufgrund eines durch Östrogenmangel geschwächten Bindegewebes sowie der Beckenbodenmuskulatur (letzteres durch vorangegangene Schwangerschaften und Geburten)
› Veränderungen an Haut und Haaren (Verlust an Feuchtigkeit, Elastizität und Stärke, bedingt durch die herabgesetzte Bildung von Wasser speichernden Kollagenfasern, vermehrte Faltenbildung, verminderte Durchblutung)
› Veränderungen der Schleimhäute (Mangel an Durchblutung und trockene Schleimhäute)
› Gewichtszunahme
› Zunehmendes Arteriosklerose- und Herzinfarktrisiko durch Veränderungen im Fettstoffwechsel
› Osteoporoserisiko
› Libido- bzw. Potenzstörungen durch Testosteronmangel.

Metabolischer Motor

Die Schilddrüse ist ein hormonbildendes Organ und wird vom Gehirn gesteuert. Sie liegt im Halsbereich unterhalb des Kehlkopfs. Das besondere Merkmal der Schilddrüse ist ihr Jodgehalt, der sehr wichtig für die Wirkung der Hormone ist. Ohne die Hormone der Schilddrüse funktioniert im menschlichen Organismus nicht sehr viel. Die Herzschlagfrequenz und die Schlagkraft des Herzens, die Körpertemperatur, der Energieumsatz der Zellen, die Arbeit der Skelettmuskulatur, Wachstum und Reifung des ZNS, all dies wird mit Hilfe der Schilddrüsenhormone gesteuert. Bei ausreichender Jodzufuhr werden die Schilddrüsenhormone aber in aller Regel ausreichend gebildet.

Typische Schilddrüsenbeschwerden

Sehr häufig ist ein Mangel an Jod Ursache von Schilddrüsenerkrankungen, insbesondere der im Alter häufig beobachteten Schilddrüsenvergrößerung (Struma). Diese Erkrankung betrifft in Deutschland ein Drittel der älteren Menschen. Sie tritt geografisch unterschiedlich auf und ist im Jodmangelgebiet der Alpenregion häufiger als an der Küste. Frauen sind von den Beschwerden häufiger betroffen als Männer. Besteht über einen längeren Zeitraum Jodmangel, können weitere Veränderungen in der Schilddrüse auftreten, wie z.B. gutartige Schilddrüsenknoten. Daraus kann sich eine Schilddrüsenüberfunktion entwickeln. Eine Fehlfunktion des Immunsystems ist dagegen die Ursache für die Basedowkrankheit sowie die häufigste Form der Unterfunktion (Hashimoto-Thyreoiditis).
Bei einer Schilddrüsenüberfunktion werden zu viele Schilddrüsenhormone (T3 und T4) gebildet. Bei einer Schilddrüsenunterfunktion besteht hingegen ein Mangel an T3 und T4. In der Folge kommt es zur Gewichtszunahme, Müdigkeit und Trägheit bis hin zur Depression. Alle Hormonveränderungen der Schilddrüse müssen vom Arzt medikamentös mit entsprechenden Hormongaben behandelt werden.

Mit der richtigen Ernährung vorbeugen

Einer Schilddrüsenvergrößerung kann man durch eine jodreiche Ernährung und die Verwendung von Jod- oder Meersalz in der Küche vorbeugen. Andere wichtige Jodquellen sind Vollkornprodukte und Fisch. Verschiedene in der asiatischen Küche verwendete Algen (Kombualgen) enthalten ebenfalls reichlich Jod. Der Körper eines Erwachsenen benötigt rund 200 µg Jod pro Tag. Überdosierungen sind unwahrscheinlich, denn 1 kg Jodsalz enthält nur 20 mg Jod und toxische Erscheinungen treten erst ab 1 mg auf. Allerdings sollten Menschen mit bekannter Schilddrüsenüberfunktion mit Jod vorsichtig sein. Auch Jodallergiker sollten Jod komplett meiden.

Well-Aging-Stoffe für Ihren Hormonhaushalt

Mit dem Alter verändern sich die Konzentrationen und das Verhältnis von Geschlechtshormonen im Körper. Für die Wechseljahre typische Veränderungen, wie beispielsweise die Hautalterung, lassen sich zwar nicht aufhalten, aber durchaus verlangsamen durch konsequente Hautpflege, eine ausgewogene Ernährung und einen ausreichenden Sonnenschutz. Vegetative Beschwerden, wie etwa Hitzewallungen, können ebenfalls durch eine Ernährung gelindert werden, die reich an Phytoöstrogenen ist, durch die Einnahme von Pflanzenpräparaten mit Traubensilberkerze oder Mönchspfeffer, durch regelmäßige körperliche Bewegung oder das Erlernen von Entspannungstechniken wie Yoga.

Sekundäre Pflanzenstoffe

Hierbei handelt es sich um bioaktive Nahrungsinhaltsstoffe pflanzlichen Ursprungs, denen gesundheitsfördernde und teilweise verjüngende Eigenschaften nachgewiesen werden konnten. Sekundäre Pflanzenstoffe werden von den Pflanzen vielfach zum Schutz gegen Schädlinge und Krankheiten sowie als Wachstumsregulatoren gebildet. Die empfohlene Tagesdosis bewegt sich zwischen 1–3 g.
Wichtige Vertreter der sekundären Pflanzenstoffe mit verjüngener Wirkung sind:
› Allicin im Knoblauch (entzündungshemmend, blutverdünnend),
› Indole und Carotinoide in Gemüsepflanzen (krebshemmend),
› Phytosterine in fettreichen Pflanzenteilen wie Samen, Kürbiskerne, Weizenkeime, Sesam und Sojabohnen (cholesterinsenkend),
› Phytoöstrogene in Sojabohnen, Leinsamen, Hülsenfrüchten und Getreide (hormonregulierend),
› Flavonoide (antioxidativ, Blutzucker regulierend, blutdrucksenkend).

Phytoöstrogene

Zu den sekundären Pflanzenstoffen gehören auch die pflanzlichen Östrogene. Ihre wichtigsten Vertreter sind die Isoflavone und Ligane in der Sojabohne und im Rotklee. Sie steuern beispielsweise Hitzewallungen entgegen, schützen vor Osteoporose und Arteriosklerose und wirken antioxidativ. Die Aufnahme von Phytoöstrogenen mit der Nahrung hängt von landestypischen Ernährungsgewohnheiten ab. So nehmen Japaner und Chinesen täglich im Durchschnitt 50–60 mg Phytoöstrogene auf. Dagegen enthält die mediterrane Kost 15–30 mg und das Essen in den westlichen Industrieländern gerade einmal 5 mg Phytoöstrogene pro Tag. Da in den asiatischen Ländern Wechseljahresbeschwerden, Brustkrebs sowie Prostatakrebs deutlich seltener auftreten als bei uns im Westen, geht man heute davon aus, dass die optimale durchschnittliche Tagesration an Phytoöstrogenen bei 50–60 mg pro Tag liegen sollte.

Sojabohnen und -sprossen

Insbesondere Sojabohnen und ihre Produkte (z.B. Sojamilch, Tofu etc.) gelten als Hauptlieferanten für pflanzliche Östrogene und Genistein. Aus diesem Grund sollten Sojabohnen und Sojabohnenprodukte zum unverzichtbaren Bestandteil des Speiseplans von jedem Well-Ager gehören. Zu beachten ist dabei Folgendes: Sojasoße besitzt beispielsweise nur einen geringen Anteil an Phytoöstrogenen, da diese bei der Herstellung größtenteils verloren gehen. Auch bei den meisten bei uns erhältlichen Sprossen handelt es sich nur selten um echte Sojabohnensprossen, sondern um Mungbohnensprossen. Sie sind zwar sehr gesund und schmackhaft, enthalten aber ebenfalls nur einen geringeren Anteil an Phytoöstrogenen. Echte Sojabohnensprossen mit einem hohen Anteil an Phytoöstrogenen sind dagegen kleiner als Mungbohnensprossen und zeichnen sich durch einen intensiven bitteren Geschmack aus.

Tofu

Ein anderer wichtiger Lieferant für die Phytoöstrogene in der asiatischen Küche ist Tofu. Der schnittfeste Quark wird aus Sojabohnen hergestellt und ist geschmacksneutral. Erst durch Zubereitung und entsprechende Gewürze nimmt er Geschmack an. Das ist der Grund dafür, warum Tofu so vielseitig einsetzbar ist. Zudem ist er durch seinen hohen Eiweißgehalt auch ein optimaler Fleischersatz und spielt deshalb in der vegetarischen Ernährung eine wichtige Rolle.

Heimische Phytoöstrogen-Lieferanten

Nahrungsmittel regionaler oder europäischer Herkunft mit einem gewissen Anteil an Phytoöstroge-

Genießen Sie die Vielfalt der Tofu-Küche. Tofu ist ein wahres Multitalent: Leicht und bekömmlich, kalorienarm, cholesterinfrei und reich an hochwertigem Eiweiß.

nen sind Linsen, Leinsamen, Spargel, Haferflocken und Knoblauch. Wichtig: Damit Phytoöstrogene in der Nahrung ihre schützende Wirkung in der Menopause entfalten können, müssen sie langfristig und immer in ausreichender Menge in die Ernährung integriert werden.

Flavonoide

Gerade die Flavonoide erregten in den letzten Jahren in medizinischen Fachkreisen viel Aufmerksamkeit. Erste kontrollierte Studien konnten zeigen, dass sie im menschlichen Körper eine vorbeugende oder heilende Wirkung entfalten. Zu der Gruppe der Flavonoide gehören:

› Flavonole (z.B. Quercetin, Rutin, Kaempferol),
› Flavanole (z.B. Catechin, Epigallocatechingallat, Theaflavin),
› Flavanone (z.B. Naringenin),
› Isoflavonoide (z.B. Genistein),
› Anthocyane.

Nahrungsmittel oder Getränke (z.B. Tees), die Flavonoide enthalten, sollten nicht mit Milch kombiniert werden, da diese durch ihren Gehalt an Casein deren gesundheitliche Wirkung zunichte macht.

Quercetin

Quercetin gehört zu den Flavonolen. Der Pflanzenstoff kommt insbesondere in den Schalen von Äpfeln, Zwiebeln sowie der Haut von Weintrauben vor. Er wirkt in erster Linie antioxidativ sowie blutverdünnend und soll Arteriosklerose vorbeugen.

Zudem kann Quercetin, bisher zumindest im Tierversuch, die Muskelkraft und die Gehirnleistung steigern.

Resveratrol

Resveratrol ist ein weiterer bekannter Vertreter der Flavonoide, der ebenfalls verjüngend wirkt. Das beruht vorwiegend auf seinen antioxidativen Eigenschaften. Resveratrol schützt die Gefäße, indem es die Lipidperoxidation von Lipoproteinen (LDL) senkt und damit die Bildung von Plaques an den Gefäßinnenwänden reduziert. Der Pflanzenstoff findet sich vor allem in Weintrauben, aber auch in Himbeeren und Erdnüssen. Resveratrol fördert, ähnlich übrigens wie eine kalorienarme Diät, die Ausschüttung des so genannten Sirtuin-Gens SIRT1. Diesem wurde im Tierversuch eine lebensverlängernde, verjüngende Wirkung nachgewiesen. Außerdem schützt es vor Gewichtszunahme und steigert die Ausdauerleistung.

Nicht zuletzt hilft Resveratrol bei der Abtötung von Krebszellen, indem es hemmend auf ein bestimmtes Protein im Zellkern (NF-κB) wirkt. Zudem besitzt Resveratrol eine ähnliche Struktur wie Östrogene und kann eventuell vor Brustkrebs schützen. Resveratrol-ähnliche Substanzen im Granatapfel besitzen vergleichbare Wirkungen, sind aber möglicherweise viel wirksamer, weil sie vom Körper besser aufgenommen werden. Die Erkenntnisse über Resveratrol sind noch relativ neu, beruhen teilweise auf tierexperimentellen Studien und müssen in weiteren Forschungen überprüft werden.

Wächter unserer Gesundheit –
das Immunsystem

*Nüsse und Samen sind ideale Zink-
lieferanten, die auch geschmacklich Ab-
wechslung in Ihren Speiseplan bringen.*

Aufgrund der natürlichen Alterung des Immunsystems wird der Körper im Alter infektanfälliger. Impfungen werden oft nicht mehr so gut vertragen und Heilungsprozesse verlängern sich.

Mangelernährung bzw. eine unausgewogene Ernährung sowie chronische Entzündungsprozesse im Körper beschleunigen die Schwächung der Immunabwehr im Alter. Aus diesem Grund unterscheidet man in der Medizin zwischen gesunden Senioren mit einem normalen Ernährungszustand und kranken Senioren mit bedenklichem Ernährungszustand, der sich durch einen Mangel an Mikronährstoffen und/oder Gewichtsverlust bemerkbar machen kann.

Wie das Immunsystem altert

Im Lauf des Alterungsprozesses kommt es zunächst zu Änderungen der Verteilung der T-Zellen (T-Lymphozyten) im Blut. Dabei handelt es sich um eine für die Immunabwehr wichtige Gruppe von Blutzellen. Später kommt es zu reduzierten T-Zellfunktionen und der Schwächung anderer Abwehrmechanismen. Sichtbare Veränderung ist der Gewebsschwund (Atrophie) des Thymus, in dem so genannte Thymozyten (Prä-T-Lymphozyten) in T-Zellen umgewandelt werden. Der Thymus wird bei älteren Menschen durch Fettgewebe ersetzt. Solche Veränderungen im Körper führen dazu, dass es häufiger zu Infekten, aber auch zu Tumorerkrankungen kommen kann. Das Immunsystem wird weniger effektiv bei der Erkennung und Vernichtung von entarteten Zellen.

Adäquate Nährstoffversorgung

Heute weiß man, dass die Funktionsfähigkeit unseres Abwehrsystems im Alter abhängig von einer angemessenen Nährstoffzufuhr ist. Es wird sogar diskutiert, ob die altersbedingte Zunahme von

Erkrankungen tatsächlich nur auf den Alterungsprozess per se zurückzuführen ist, oder ob es sich dabei eher um eine Folge einer ungünstigen Ernährung handelt. Aus diesem Grund verstärkt jede Form von Makronährstoffmangel, also einem Mangel an Energie und Eiweiß in der Ernährung sowie ein Mikronährstoffmangel, vor allem an den Vitaminen B_6, B_9 und B_{12}, aber auch Eisen, Zink und Selen, die Schwächung des Immunsystems.

Well-Aging-Stoffe für Ihr Immunsystem

Einer vorzeitigen Alterung der Abwehrkräfte kann man vorbeugen. Wichtig ist das Erreichen und Halten des Normalgewichts sowie die Erhaltung der Muskelmasse. Die oben genannten Mikronährstoffe sollten in ausreichender Menge in der Nahrung stecken und mittels Blutmessung kontrolliert werden.

Zink

Zink findet sich ebenso wie Eisen in rotem Fleisch, das trotz einiger Bedenken hinsichtlich der Entwicklung von Herz-Kreislauf-Erkrankungen und Tumorerkrankungen auf dem Speiseplan des älteren Menschen stehen sollte. Übermaß ist hier ebenso ungünstig wie ein völliger Verzicht. Einmal rotes Fleisch pro Woche ist gesund, denn es liefert nicht nur Eisen und Zink, sondern auch wichtiges Eiweiß (Proteine). Andere gute Proteinquellen sind Milchprodukte (vorausgesetzt, es liegt keine Laktoseintoleranz vor) und Fisch. Dieser ausgezeichnete Zinklieferant ist auch aus anderen gesundheitlichen Gründen ein bis zwei Mal pro Woche empfehlenswert. Zink findet sich auch in Vollkornprodukten, Weizenkeimen, Ölsaaten, Nüssen und Linsen.

B-Vitamine

Die Vitamine B_6, B_9 (Folsäure) und B_{12} benötigt der Körper nicht nur zur Vorbeugung gegen ein schwächer werdendes Immunsystem sondern auch für eine gute Gehirnleistung (siehe Seite 35). Die beste Quelle für Vitamin B_6, B_9 und insbesondere B_{12} ist Leber, weshalb diese Innerei einmal pro Monat verzehrt werden sollte. Eine der wirkungsvollsten Maßnahmen zum Schutz des Immunsystems sowie vor Alterungsprozessen an sich ist eine maßvolle Kalorienrestriktion.

So unterstützen Sie Ihr Immunsystem

Vorbeugend vor Infekten wirken:
- Vitamin-C-reiche Obst- und Gemüsesorten, wie Kiwi, Zitrusfrüchte, grüne Paprika, Sauerkraut, Rote Bete und Kartoffeln.
- Flavonoide, wie z. B. Quercetin. Hier punkten Zwiebel, Grünkohl, Äpfel und Beeren. Eine klinische Studie ergab, dass Quercetin aus erhitzten Zwiebeln vom Körper am effektivsten verwertet wird.
- Kohl enthält ebenso wie Kresse, Meerrettich und Senf Senföle, die den Organismus bei der Abwehr unterstützen.
- Knoblauch ist vermutlich die Nahrungspflanze mit der stärksten antimikrobiellen Wirkung. Dieser Effekt beruht auf den in ihr enthaltenen schwefelhaltigen Verbindungen.
- Probiotika in ausgewählten Joghurts schützen gegen Erkältungskrankheiten und stärken die Abwehrkräfte.

Hilfreiche Getränke bei Erkrankung:

Eine ausreichende Flüssigkeitszufuhr in Form von Wasser, Kräutertees oder auch Säften ist jetzt wichtiger als Essen, das den Körper zu sehr belastet.
- Lindenblütentee und Holunderblütentee wirken schweißtreibend.
- Kamillenblütentee, Lindenblütentee und Weidenrindetee wirken fiebersenkend.
- Hagebuttentee ist Vitamin-C-reich und stärkt die Abwehrkräfte.
- Rote-Bete-Saft: 1/4 Liter täglich hilft durch das in ihm enthaltene Betanin Viren und Bakterien zu inaktivieren.
- Roter Traubensaft: 1/4 Liter täglich stärkt mit dem darin enthaltenen Resveratrol und Quercetin das Immunsystem.
- Sanddorn-Saft: Zweimal 1/4 Liter täglich mit Wasser verdünnter Sanddornsirup mit den darin enthaltenen 500 mg Vitamin C verringert Dauer und Schwere einer Infektion.
- Möhrensaft/Orangensaft: Je 1/8 Liter täglich stärkt mit dem darin enthaltenen Beta-Carotin und Vitamin C die Abwehrkräfte.

Unser Kontrollsystem im Kopf –
Gehirn und Nerven

Im Alter braucht das Gehirn für manche Dinge etwas länger. So reagieren wir oft nicht mehr so rasch auf bestimmte Reize, wie etwa im Straßenverkehr, und tun uns auch etwas schwerer dabei, etwas Neues zu lernen. Dem gegenüber steht jedoch auch ein Mehr an Lebenserfahrung. Das ermöglicht unter Umständen schnellere und sicherere Entscheidungen als beim jüngeren Menschen und macht so die kleinen Verluste auf der anderen Seite wett. Im Normalfall ist das Gehirn also bis ins hohe Alter lern- und leistungsfähig.

Warum Gehirnjogging so wichtig ist

Um unsere geistige Fitness zu erhalten, können wir viel tun. Die wichtigste Regel lautet hier: Das Gehirn will gefordert werden. Wer Zeit seines Lebens »Gehirnjogging« betreibt in Form kreativer und geistig fordernder Tätigkeiten, wozu auch Lesen, Rätsel lösen oder der Besuch von Weiterbildungskursen gehört, kann seine Gehirnfunktionen jung erhalten. Nicht umsonst lautet die englische Redewendung »Use it or lose it« – »Gebrauche es, oder du verlierst es«.

Ernährung und Gehirn

Heute weiß man allerdings auch, dass Ernährung und geistige Gesundheit eng miteinander verzahnt sind. Tatsächlich hält die richtige Ernährung die grauen Zellen in Form und hilft, ihre Leistungsfähigkeit optimal zu nutzen. Denn wie kaum ein anderes Organ im Körper ist das Gehirn anfällig für Störungen. Um reibungslos funktionieren zu können, benötigen die Nervenzellen (Neuronen) eine ausgeklügelte Mischung aus Makro- und Mikronährstoffen, vor allem aber Energie und Wasser. Denn schon geringe Mangelzustände, die oft unentdeckt bleiben,

Versorgen Sie sich mit ausreichend Flüssigkeit. Eine Tasse Tee sorgt zudem für Entspannung und Wohlbefinden.

können schwere Folgen haben. So kann neben Stress und Schlafmangel beispielsweise schon das Fehlen eines Vitamins oder eines Spurenelements zu Störungen der Hirnleistung oder zu seelischen Befindlichkeitsstörungen führen.

Well-Aging-Stoffe für Gehirn und Nerven

Rund 60 Prozent der Gehirnmasse besteht aus Fettmolekülen. Dadurch ist das Gehirn sehr anfällig gegenüber oxidativem Stress. Eine hohe Zufuhr von gesättigten Fettsäuren, z.B. in Fleisch, Wurst und fettem Käse, steigert diese Anfälligkeit und kann zu Hirnleistungsstörungen führen. Das Gehirn hat deshalb einen hohen Bedarf an antioxidativen Substanzen, wie Vitamin C, E, aber auch sekundären Pflanzenstoffen und anderen Radikalfängern. Ein abwechslungsreicher Speiseplan mit reichlich frischem Obst und Gemüse, Vollkornprodukten, fettarmen Milchprodukten, magerem Fleisch und Fisch ist die beste Grundlage. So erhält der Körper Eiweiß, Fett, Kohlenhydrate, Vitamine, Mineralstoffe, Spurenelemente und sekundäre Pflanzenstoffe in wertvoller Form und in einem günstigen Verhältnis. Da mit dem Alter die Durchblutung aller Organe abnimmt, worauf das Gehirn besonders sensibel reagiert, ist eine ausreichende Zufuhr an Flüssigkeit von mindestens zwei Litern pro Tag bzw. 30 ml pro kg Körpergewicht wichtig.

Glukose

Zur Energiegewinnung können Nervenzellen, im Gegensatz zu anderen Zellen, keine Fettsäuren verbrennen. Sie sind deshalb auf Traubenzucker (Glukose) als Energieträger angewiesen. Die Glukoseversorgung des Gehirns steht für den Körper an oberster Stelle. Bei Unterversorgung bedient sich der Stoffwechsel an den Muskeln. Um dem Muskelabbau vorzubeugen muss eine ausgewogene Ernährung immer eine gewisse Mindestmenge an Glukose enthalten, am besten aus Vollkornprodukten.

Selen

Das Spurenelement Selen zerstört die während des Fettstoffwechsels gebildeten Peroxide (radikale Sauerstoffverbindungen). Eine gute Selenversorgung hebt nachweislich die Stimmung. Außerdem beugt es Herzmuskelerkrankungen und Krebs vor. Der Tagesbedarf liegt bei 50–100 µg, ab 2 mg wirkt es hingegen toxisch. Selen kommt in Fisch, Innereien, Fleisch, Eiern und Cerealien vor.

B-Vitamine

Auch eine ausreichende Versorgung mit B-Vitaminen ist im Hinblick auf die Gehirnleistung und das seelische Befinden wichtig. Eine zu geringe Zufuhr an den Vitaminen B_6 (Pyridoxin), B_9 (Folsäure) und B_{12} (Cobalamin) macht sich häufig in depressiver Verstimmung oder in vermehrter Erregbarkeit bemerkbar. Wer unter Erschöpfung leidet, hat häufig auch eine zu niedrige Vitamin-B_1-Konzentration im Blut. Vitamin B_{12} hingegen kann die Gedächtnisleistung ab dem mittleren Lebensalter verbessern. Zudem ist anzunehmen, dass eine Altersdemenz durch eine ausreichende Zufuhr von Vitamin B_{12} gemildert werden kann. Die Vitamine B_1 und B_6 kommen in vielen Nahrungsmitteln vor, darunter in Leber, Milchprodukten und Fleisch, Fisch, Gemüse, Getreide, Nüssen und Samen sowie in Bananen. Vitamin B_9 steckt in Leber, Vollkornprodukten, grünem Blattgemüse, Roter Bete, Spinat, Brokkoli, Möhren, Spargel, Rosenkohl, Tomaten, Eigelb und Nüssen. Vitamin B_{12} findet sich ebenfalls vorwiegend in Leber, da es dort gespeichert wird, aber auch in Milchprodukten und Fleisch.

Fischöl

In letzter Zeit wurde viel über Fischöl und seine Bedeutung für den Erhalt der Gehirnfunktionen diskutiert. Im Rahmen der berühmten »Framingham Heart Study« entwickelten Teilnehmer, die viel Fisch aßen und so eine bestimmte Omega-3-Fettsäure (Docosahexaensäure) zu sich nahmen, nur halb so oft eine Demenz wie Menschen, die darauf verzichteten. Dieses Ergebnis bestätigte sich in anderen Studien. Allerdings wirkt das Fischöl nur vorbeugend. Ideal ist eine Dosis von 0,2 bis 1,7 g Docosahexaensäure täglich, was 10–90 g Thunfisch pro Tag oder etwa zwei Fischportionen pro Woche entspricht.

Derzeit gibt es keine besser belegte ernährungsmedizinische Prävention oder sonstige vorbeugende Maßnahmen gegen Alzheimer als eine ausreichende Zufuhr an Omega-3-Fettsäuren. Zudem sind für die angegebenen Dosierungen keine Nebenwirkungen bekannt.

Bewegungs- und Stützapparat –
Knochen und Gelenke

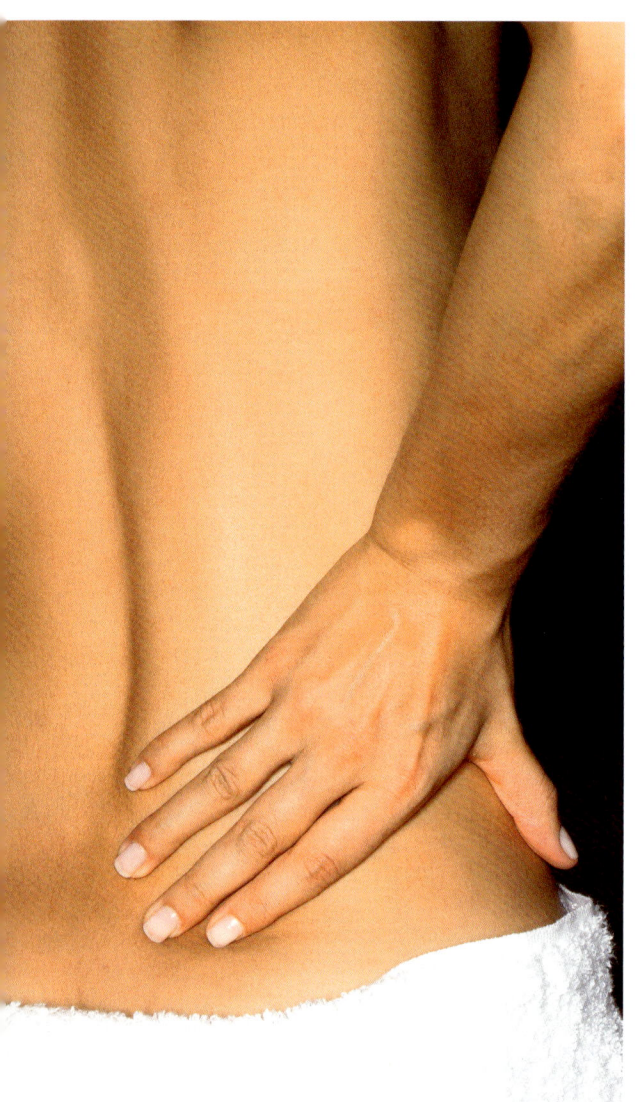

Ihre Wirbelsäule: Dieses elegante Doppel-S-Konstrukt der Natur hält sie aufrecht und stabilisiert. Dafür sorgen rund 300 Muskeln, die das Rückenkorsett bilden.

Unser Stützgerüst im Körperinneren ist wie kaum ein anderer Körperteil dem Zahn der Zeit ausgesetzt. Knochenmasse und Knochendichte nehmen bereits ab einem Lebensalter von etwa 30 Jahren ab. Beim Mann findet dieser Prozess weitgehend kontinuierlich statt, bei der Frau mit einem Sprung nach unten in der Phase der Wechseljahre (siehe Seite 28). Entscheidend dafür ist die Beschaffenheit der in jungen Jahren aufgebauten Knochenmasse und der Geschwindigkeit, in der der Knochenabbau voranschreitet bzw. welche Faktoren den Abbau beeinflussen.

Mögliche Verschleißerscheinungen

Knochen besteht zu zwei Dritteln aus Hydroxyapatit, das vorwiegend Kalzium enthält und dem Knochen Stabilität verleiht. Wichtig für feste Knochen sind neben Mineralstoffen Kollagenfasern und eine gute Durchblutung. Während so genannte Osteoblasten den Knochenaufbau bewerkstelligen, räumen Osteoklasten alte Knochen ab. Ihr Verhältnis wird wesentlich durch Hormone (Androgene und Östrogene) gesteuert, die im Alter abnehmen. Überwiegt der Abbau, kommt es zur Osteoporose und in der Folge zu einer erhöhten Knochenbrüchigkeit. Wichtigste Risikofaktoren sind neben Östrogen- bzw. Testosteronmangel, Nikotin, Alkoholmissbrauch, Bewegungsmangel, Medikamente und Fehlernährung.

Risiko Arthrose

Arthrose ist die häufigste Ursache für die mangelhafte Beweglichkeit älterer Menschen. Zugrunde liegt ein defekter Gelenkknorpel, der sich in der Regel durch Alterungsprozesse, Überbelastung bzw. Fehlstellung der Gelenke und Übergewicht entwickelt hat. Obwohl die Ernährung immer wieder als Einflussfaktor bei der Entwicklung einer Arthrose dis-

i Trend: Genussvoll essen

Glücklicherweise gibt es immer mehr Menschen in Deutschland, die sich auf die Bedeutung des Essens als Kulturtugend besinnen und Freude an genussvollen Speisen und ihrer Zubereitung haben und diese kultivieren. Die Leser und Leserinnen dieses Buchs zählen mit Gewissheit dazu. Erkennbar ist dieser Trend nicht zuletzt an der erfreulichen Entwicklung der deutschen Gourmetküche und der Renaissance der raffinierten Regionalküche. Je mehr wir über Nahrungsmittel wissen, je mehr wir qualitativ hochwertige Produkte aus natürlichem Anbau und artgerechter Aufzucht zu schätzen lernen und je bewusster und unverfälschter wir sie genießen, desto mehr tun wir für uns, unser Wohlbefinden und ein positives, vitales Lebensgefühl – und das bis ins hohe Alter!

kutiert wurde, gibt es kaum klinische Studien, die eindeutige Zusammenhänge belegen. Da Übergewicht ein ernst zu nehmender Risikofaktor für die Entwicklung einer Arthrose ist, gilt eine Gewichtsreduktion als wichtigste vorbeugende Maßnahme.

Well-Aging-Stoffe für Knochen und Gelenke

Regelmäßige Bewegung ohne sich zu überanstrengen, eine ausgewogene mineralstoffreiche Ernährung und vor allem das Erreichen und Halten des Normalgewichts sind die besten Well-Aging-Maßnahmen für Knochen und Gelenke.

Kalzium

Zur Vorbeugung von Osteoporose empfiehlt sich ab dem 65. Lebensjahr eine tägliche Kalziumzufuhr von 1000 mg. Das entspricht 800 ml Milch, 500 g Grünkohl, 100 g Hartkäse oder 3 l Mineralwasser, am besten kombiniert mit 10 μg Vitamin D (Calciferol). Das entspricht 3 g Lebertran oder 100 g Fisch oder 200 g Kalbsfleisch oder 2 Eiern. Der Verzicht auf Zucker, raffinierte Kohlenhydrate und Nikotin sowie Alkohol entlastet den Stoffwechsel und verlangsamt den Knochenabbau. Weitere wichtige Kalziumquellen sind Sojaprodukte, grünes Gemüse, Möhren, Walnüsse, Fisch (insbesondere Lachs und Sardinen).

Antioxidanzien

Antioxidanzien werden in mancherlei Kontext als »Anti-Aging-Mittel« vorgeschlagen, so auch gegen Arthrose. Tatsächlich weisen einige Studien auf die positive Wirkung von Vitamin E hin. Auch ein antioxidativer Cocktail aus Vitamin A, C, E und Selen ist in diesem Zusammenhang im Gespräch. Alle ernährungsmedizinischen Maßnahmen gegen Osteoporose wirken sich aller Wahrscheinlichkeit nach auch positiv hinsichtlich der Verhinderung von degenerativen Gelenkbeschwerden aus. Eine Vermeidung von Überbelastung und Übergewicht sowie eine gesunde Ernährung mit reichlich Gemüse und Obst sind wahrscheinlich wirksamer hinsichtlich der Vorbeugung einer Arthrose als die umstrittene Substrattherapie mit den »Nutraceuticals« Glucosamin und Chondroitinsulfat zur Unterstützung von reparativen Prozessen im Gelenkknorpel.

i Gesund essen im Alter

Im Alter ist es besonders wichtig, auf regelmäßige Mahlzeiten zu achten. Der Stoffwechsel arbeitet langsamer und auch Hunger- und Durstgefühle stellen sich nicht mehr ohne Weiteres ein. Drei Mahlzeiten sollten deshalb gerade mit zunehmendem Alter möglichst konsequent eingehalten werden. Dabei gelten die Essenspausen zwischen drei und maximal fünf Stunden als sinnvoll. Etwa drei Stunden vor dem Schlafengehen sollte möglichst nichts mehr gegessen werden. So beugen Sie Übergewicht und Fehlernährung vor.

Nehmen Sie sich Zeit zum Essen und speisen Sie möglichst in Gesellschaft und mit Genuss! Zu rasches Essen schadet der Verdauung. Fertignahrung (Convenience Food), Snacks und Fast food verführen zum zu schnell und zu viel Essen, weshalb Sie guten Gewissens darauf verzichten dürfen. Wer sich hingegen um eine Ernährung aus frischen Lebensmitteln bemüht, nimmt automatisch mehr Vitamine, Antioxidanzien und sekundäre Pflanzenstoffe zu sich. Eine entsprechende Vorratshaltung und eine sorgfältige, entspannte Zubereitung machen aus der reinen Nahrungsaufnahme einen kreativen und zugleich genussvollen Akt, mit dem Sie aktiv zur Verbesserung Ihrer Lebensqualität beitragen können.

GENUSSREZEPTE FÜR DEN
FRÜHLING
...vitalisierend und aufbauend!

Das erste Grün sprosst an den Bäumen und aus der Erde recken sich bereits zarte Halme dem Sonnenlicht entgegen. Jetzt im Frühling erwachen die Lebensgeister wieder. Eine leichte Ernährung mit den ersten frisch geernteten Früchten, Kräutern und Gemüsen ist nun genau das Richtige für den Körper. Erdbeeren, Spargel, Bärlauch & Co. sorgen auf den nächsten Seiten für frühlingshafte Genüsse, die Energie, Vitalität und ein starkes Immunsystem schenken.

Buchweizenpfannkuchen
MIT RÄUCHERLACHS

FÜR 2 PERSONEN

Für den Teig

50 g Buchweizenvollkornmehl, extra fein (Reformhaus)

50 ml Milch (1,5 % Fett)

1 Ei (Größe M)

3 g frische Hefe

1 Prise Zucker

1 Prise Salz

Für den Belag

½ säuerlicher Apfel (90 g, z. B. Granny Smith)

120 g reife Avocado (ohne Kern)

1 Spritzer Zitronensaft

1 kleiner Stängel frischer Dill

2 EL Crème fraîche

1 TL Meerrettich (aus dem Glas)

Salz

schwarzer Pfeffer aus der Mühle

150 g geräucherter Lachs, dünn aufgeschnitten

2 EL Rapsöl zum Braten

Zubereitungszeit: 20 Min.
Ruhezeit: 30 Min.

Pro Portion:
635 kcal, E = 29 g, F = 47 g, KH = 25 g

1 Mehl, Milch und Ei in eine Schüssel geben. Die Hefe hineinbröckeln, mit Zucker und Salz bestreuen und mit einem Schneebesen zu einem zähflüssigen, glatten Teig verrühren. 30 Min. mit einem Küchentuch abgedeckt quellen lassen.

2 Den halben Apfel waschen, vierteln, Kerngehäuse entfernen, Apfel in kleine Würfel schneiden. Die Avocado schälen, das Fruchtfleisch klein würfeln, zu dem Apfel geben, gleich mit Zitronensaft beträufeln und vorsichtig verrühren. Dill waschen, trocken schütteln, Dillspitzen abzupfen, einige zur Dekoration beiseitelegen, den Rest grob schneiden.

3 Die Crème fraîche mit Meerrettich in einer Schüssel glatt rühren, mit Salz und Pfeffer abschmecken und dem Dill verfeinern. Marinierte Apfel- und Avocadowürfel vorsichtig unter die angerührte Sauce geben.

4 Den Räucherlachs in ca. 12 mundgerechte Stücke zupfen. Das Öl in einer großen Pfanne erhitzen. Den gequollenen Teig noch einmal durchrühren. Je 1 EL Teig in die heiße Pfanne geben, zu kleinen runden Talern formen, 2 Min. bei geringer Hitze braten, wenden und noch 1 Min. weiterbraten. Die Masse reicht für 6 Plätzchen à ca. 7 cm ⌀.

5 Die locker gebratenen Taler herausheben und auf Küchenpapier abtropfen lassen. Pro Portion 3 Taler mit je 2 Scheiben Lachs belegen. Jeweils 1 Klacks Meerrettichsauce darauf verteilen, mit Dillspitzen garnieren und sofort servieren.

TIPP DER KÜCHENCHEFIN Zum Aperitif sind die Taler ein feines Fingerfood. Dafür stechen Sie den Teig mit einem Teelöffel zu 12 kleinen Talern ab und backen ihn aus. Die restliche Hefe kann man problemlos einfrieren und z. B. im Frühstückszopf (Seite 142) weiterverarbeiten.

DAS SAGT DIE MEDIZIN Kalorien- und fettreich – und dennoch gesund! Das in See- und Süßwasserfisch enthaltene Fischöl wirkt nach neuesten Erkenntnissen neuroprotektiv. Das heißt, es schützt das Gehirn vor altersbedingten Verschleißerscheinungen. Insbesondere die Omega-3-Fettsäure Docosahexaenoic acid. (DHA) soll das Gehirn im Alter vor Alzheimer und Demenz bewahren. Auf dem Speiseplan sollte daher entweder täglich 1 g dieser Fettsäure stehen bzw. zweimal ein Fischgericht pro Woche. Neben Olivenöl ist das heimische Rapsöl mindestens so gesund. Beide Ölsorten enthalten reichlich gefäßschützende, einfach ungesättigte Fettsäuren (MUFA), wobei Rapsöl einen höheren Anteil an gesunden Omega-3-Fettsäuren aufweist.

Kressequark
MIT GEHACKTEM EI

FÜR 2–3 PERSONEN

1 Ei (Größe M)

100 g Magerquark

50 g Sauerrahm (10 % Fett)

½ TL mittelscharfer Senf

½ Schachtel Gartenkresse

Salz

schwarzer Pfeffer aus der Mühle

1 Msp. Cayennepfeffer

Zubereitungszeit: 10 Min.

Pro Portion: 80 kcal, E = 8 g, F = 4 g, KH = 3 g

1 Das Ei in kochendes Wasser geben und in 10 Min. hart kochen. Abgießen, eiskalt abschrecken, schälen und fein hacken. Das funktioniert am besten auf einem Stück Pergamentpapier: So bleibt das Ei nicht am Brett haften.

2 Den Magerquark mit Sauerrahm und Senf glatt rühren.

3 Die Gartenkresse mit einem scharfen Messer oder einer Küchenschere abschneiden. Den Quark mit Kresse verrühren, mit Salz, Pfeffer und Cayennepfeffer pikant abschmecken. Zum Schluss das gehackte Ei unterheben. Mit Bauern- oder Vollkornbrot servieren.

DAS SAGT DIE MEDIZIN Gartenkresse ist ein herrlich erfrischendes Küchen- und Heilkraut mit eigenwilligem Geschmack. Sie enthält noch nicht im Einzelnen identifizierte Inhaltsstoffe, die allerdings nach aktuellen Arbeiten einer Wiener Forschergruppe vor Darmkrebs schützen sollen.

Ziegenfrischkäse
MIT BÄRLAUCH

FÜR 2–4 PERSONEN

100 g Ziegenfrischkäse

100 g Frischkäse (Doppelrahmstufe)

1 TL Bärlauch-Pesto (aus dem Glas)

Salz

schwarzer Pfeffer aus der Mühle

1 Prise gemahlener Kümmel

1 Prise gemahlener Koriander

Zubereitungszeit: 5 Min.

Pro Portion:
150 kcal, E = 7 g, F = 13 g, KH = 1 g

1 Die beiden Sorten Frischkäse in einer Schüssel glatt rühren. Wer den intensiven Geschmack von Ziegenkäse mag, kann auf die Beimischung des anderen Frischkäses, der für ein milderes Aroma sorgt, auch verzichten. In diesem Fall 200 g Ziegenfrischkäse in einer Schüssel glatt rühren.

2 Bärlauch-Pesto einrühren und mit Salz, Pfeffer, Kümmel und Koriander abschmecken.

3 Den angemachten Frischkäse z. B. mit Knäckebrot, Vollkornbrot, Pumpernickel oder Bauernbrot servieren.

TIPP DER KÜCHENCHEFIN Den Frischkäse kann man auch mit frischem Bärlauch zubereiten. Dafür entfernen Sie von 1–2 Blättern den groben Stiel, schneiden sie in feine Streifen und rühren sie mit etwas Olivenöl in die Käsemischung.

DAS SAGT DIE MEDIZIN Die traditionelle, schon bei Germanen und Römern geschätzte Heilpflanze Bärlauch enthält reichlich Vitamin C und so genannte Alliine wie Schwefel und »Lauchöle«. Auch Kaempferol gehört zu den verjüngenden Inhaltsstoffen von Bärlauch. Das Flavonoid wirkt antioxidativ und beugt Gefäßablagerungen (Plaques) vor.

Sojadrink
MIT KAKI, BANANE UND BLAUMOHN

FÜR 2 PERSONEN

400 ml kalte Sojamilch ohne
Geschmackszusatz (Reformhaus)

1 reife Banane

1 Kaki (200 g)

1 Orange

1 TL geriebener Blaumohn

Außerdem

2 Holzspieße

Zubereitungszeit: 8–10 Min.

Pro Portion:
270 kcal, E = 9 g, F = 5 g, KH = 44 g

1 Die Sojamilch in ein hohes Gefäß geben.

2 Die Banane schälen und in grobe Stücke schneiden. Die Kaki schälen, evtl. Kerne entfernen und ebenfalls in grobe Stücke schneiden. Die Orange halbieren, eine Hälfte entsaften (ergibt etwa 50 ml) und die andere Hälfte mit der Schale in Scheiben schneiden. Den Orangensaft mit der Banane zur Sojamilch geben.

3 Das Obst mit dem elektrischen Pürierstab schaumig mixen. Den Sojadrink anschließend in Gläser füllen und diese portionsweise mit Blaumohn bestreuen. Die Orangenscheiben auf die beiden Holzspieße stecken. Den Sojadrink mit ihnen garnieren und servieren.

TIPP DER KÜCHENCHEFIN Das eiweiß- und vitaminhaltige Powergetränk ist ideal für Menschen, die morgens nur wenig Appetit haben und trotzdem fit und energiegeladen in den Tag starten möchten.

DAS SAGT DIE MEDIZIN Sojamilch ist ein milchähnliches Getränk, das aus fein gemahlenen, eingeweichten und anschließend ausgepressten gelben Sojabohnen sowie Wasser hergestellt wird. In Asien sind Sojaprodukte in der täglichen Ernährung unverzichtbarer Bestandteil. Sojamilch enthält keinen Milchzucker und ist daher ideal für Personen, die unter einer Milchzuckerunverträglichkeit (Laktoseintoleranz) leiden. Da Sojamilch reich an pflanzlichem Eiweiß ist, kann sie in der veganen Ernährung die Kuhmilch ersetzen. Zudem enthält sie kaum gesättigte Fettsäuren, die aus medizinischer Sicht gerade für Menschen in reiferem Alter als ungünstig betrachtet werden. Schließlich können diese Fettsäuren, die vor allem in Fetten tierischen Ursprungs (z. B. in Butter, Hartkäse, Sahne, Schmalz, Fleisch und Wurstwaren) stecken, die Bildung von Ablagerungen (Plaques) an den Gefäßwänden und somit eine Arteriosklerose beschleunigen. Insofern ist Sojamilch für alle reiferen Erwachsenen, die gerne Milch trinken, ein guter Kuhmilchersatz. Nicht zuletzt ist sie reich an Isoflavonen, das sind pflanzliche Hormone mit östrogenartiger Wirkung, die nachweislich das LDL-Cholesterin senken und sich bei Frauen günstig auf einige Wechseljahresbeschwerden auswirken.
Die Kakifrucht stammt ursprünglich aus Japan und China. Im Geschmack erinnert die gelbe bis orangefarbene Frucht an Birne, Aprikose und Vanille. Sie ist eine hervorragende Quelle für die antioxidativ wirkenden Vitamine C und A. Bereits eine Frucht deckt den Tagesbedarf eines Erwachsenen an diesen Vitalstoffen. Darüber hinaus enthält die Frucht viel Glukose, das die Gehirnfunktionen auf Touren bringt. Für Diabetiker ist die Kaki allerdings weniger geeignet.

Glasnudelsalat
MIT SPITZKOHL, MÖHREN UND KORIANDER

FÜR 2 PERSONEN

50 g feine Glasnudeln (Asiamarkt)

200 g junger Spitzkohl

1 Möhre (100 g)

1 Stück Salatgurke (100 g)

Saft von 1 ½ Limetten (etwa 40 ml)

1 EL Ahornsirup (Reformhaus)

1 EL Leinöl

1 EL Rapsöl

Salz

schwarzer Pfeffer aus der Mühle

2 Prisen getrocknete Chiliflocken

½ Bund frischer Koriander

100 g Flusskrebsfleisch

Außerdem

Gemüsehobel

Zubereitungszeit: 20 Min.

Pro Portion:
240 kcal, E = 11 g, F = 11 g, KH = 24 g

1 Die Glasnudeln nach Packungsanleitung garen. Sollte keine Zubereitungsart vermerkt sein, die Glasnudeln in eine Schüssel geben, mit reichlich kochendem Wasser übergießen, abdecken und 10 Min. quellen lassen.

2 In der Zwischenzeit den Spitzkohl vom Strunk befreien und in feine Streifen schneiden. Die Möhre unter fließendem Wasser gründlich abbürsten und mit einem Gemüsehobel in feine lange Streifen hobeln. Junge Möhren müssen nicht geschält werden. Die Gurke waschen, das bittere Ende abschneiden und bis auf das Kerngehäuse fein hobeln. Spitzkohl, Möhre und Gurke in eine Salatschüssel geben.

3 Limettensaft, Ahornsirup, Leinöl und Rapsöl in einer Schüssel gut miteinander verrühren und mit Salz, Pfeffer und Chiliflocken pikant abschmecken.

4 Das Gemüse mit der Marinade beträufeln und mischen.

5 Den Koriander waschen, trocken schütteln und einige Zweige zur Dekoration beiseitelegen. Den Rest zusammen mit den Stielen fein schneiden. Flusskrebsfleisch kalt abbrausen und zum Abtropfen auf ein Küchenpapier geben. Glasnudeln in einem Sieb abtropfen lassen, mit einer Küchenschere kürzen und mit dem Flusskrebs unter den marinierten Salat geben. Den frischen Koriander unterrühren und nochmals mit Salz und Pfeffer abschmecken.

6 Portionsweise auf Tellern oder in Schalen anrichten, mit Korianderzweigen garnieren und lauwarm servieren.

TIPP DER KÜCHENCHEFIN Gerade im Frühjahr schmecken die jungen, zarten Gemüse roh am besten. Der Glasnudelsalat lässt sich problemlos im Kühlschrank aufbewahren und ist eine ideale Zwischenmahlzeit für zu Hause oder im Büro.

DAS SAGT DIE MEDIZIN Spitzkohl ist ein Verwandter des Weißkohls. Sein Anti-Aging-Potenzial besteht zum einen in seinem hohen Anteil an Ballaststoffen (3 g pro 100 g). Sie regen die Verdauung an und gelten als Schlankmacher. Doch auch die im Kohl enthaltenen Mikronährstoffe machen das Gemüse zu einem Nahrungsmittel, das einen umfassenden Immunschutz bietet und verjüngend wirkt. Verantwortlich dafür sind Folsäure (30 µg pro 100 g entsprechen 10 % des Tagesbedarfs eines Erwachsenen), ein Vitamin-C-Gehalt, der dem einer Orange entspricht (50 mg pro 100 g) sowie sekundäre Pflanzstoffe wie Kaempferol und Glucosinolate. Letztere sorgen nicht nur für den typischen Kohlgeschmack sondern wirken auch entzündungshemmend.

Spinatsalat
MIT GEGRILLTEM SCHAFKÄSE

FÜR 2 PERSONEN

Für den Spinatsalat

150 g junger Blattspinat

2 Stangen Staudensellerie mit Grün (150 g)

4 EL Zitronensaft

1 EL Ahornsirup (Reformhaus)

2 EL Olivenöl

2 EL Walnussöl

Salz

schwarzer Pfeffer aus der Mühle

Für den Schafkäse

200 g Schafkäse, z. B. Feta

1 EL Olivenöl

1–2 Zweige frischer Thymian

Zubereitungszeit: 20 Min.

Pro Portion:
480 kcal, E = 21 g, F = 41 g, KH = 7 g

1 Den Backofen auf Grillfunktion vorheizen. Blattspinat putzen, evtl. grobe Stiele entfernen, gründlich waschen und in einer Salatschleuder trocken schleudern bzw. in einem Sieb gut abtropfen lassen. Den Staudensellerie waschen und putzen. Blätter abzupfen und in kaltes Wasser legen. Die Stangen schräg in dünne Scheiben schneiden.

2 Zitronensaft, Ahornsirup, Olivenöl und Walnussöl in einer Schüssel gut verrühren und mit Salz und Pfeffer abschmecken.

3 Den Schafkäse in 4 etwa gleich große Stücke schneiden, in eine ofenfeste Form legen und mit Olivenöl beträufeln. Im Backofen (Mitte) in 7 Min. goldbraun übergrillen.

4 Sellerieblätter auf einem Küchenpapier abtropfen lassen und in kleine Stücke zupfen. Den Spinatsalat mit Staudensellerie, Sellerieblättern und der Marinade mischen, evtl. mit Salz und Pfeffer abschmecken.

5 Thymian waschen, trocken schütteln, Blättchen abzupfen und fein schneiden. Den Schafkäse aus dem Ofen nehmen, mit Thymian und gemahlenem Pfeffer bestreuen. Zusammen mit dem Spinatsalat auf Tellern anrichten und warm servieren.

TIPP DER KÜCHENCHEFIN Den Spinatsalat sollten Sie erst kurz vor dem Servieren anmachen. Denn da der Spinat sehr zart ist, fällt er mit der Marinade rasch zusammen.

DAS SAGT DIE MEDIZIN Als Eisenlieferant ist Spinat weniger ernst zu nehmen als Fleisch, dessen Eisen für den menschlichen Körper besser verwertbar ist. Wertvoll wird das grüne Blattgemüse besonders dadurch, dass es reichlich Carotinoide, die Vitamine A, B_1, B_2, B_6, C, E, K sowie Mineralien, Ballaststoffe und Oxalsäure (ca. 0,5 g/100 g) enthält. So fördert Spinat die Verdauung, unterstützt die Blutbildung und auch die Blutgerinnung. Neuere Studien deuten darauf hin, dass die Glycolipide im Spinat Anti-Tumor-Effekte aufweisen. Beachtlich sind auch seine antioxidativen Eigenschaften, die Alterungserscheinungen bremsen können. Im mediterranen Raum nimmt die Schafmilch den Stellenwert ein, den die Kuhmilch hierzulande hat. Die Milch der Schafe enthält fast doppelt so viel Fett und Eiweiß wie die der Kuh, ist dabei vitamin- und kalziumreicher und enthält weniger Natrium. Das Mehr an Fett besteht aus Fettsäuren (Triglyceriden), die konjugierte Linolsäure (CLA) enthalten. Diese verjüngt und stärkt das Immunsystem. Zudem enthält Schafmilch reichlich Jodid und Selen. Diese Zusammensetzung macht Schafmilchprodukte zu einem gerade für ältere Menschen wertvollen Nahrungsmittel.

Steak »Tatar«
MIT KAPERN, OLIVEN UND ROTEN ZWIEBELN

FÜR 2 PERSONEN

280 g Rindertatar, frisch vom
Metzger durch den Fleischwolf
gedreht

1 Sardelle

1 TL Kapern

8–9 schwarze Oliven ohne Kern (20 g)

50 g Essiggurken, z. B. Cornichons

1–2 Stängel frischer Basilikum

1 TL scharfer Senf

1 EL Tomatenketchup

1 Eigelb (Größe M)

Meersalz, z. B. Fleur de Sel

schwarzer Pfeffer aus der Mühle

1 Msp. Cayennepfeffer

½ rote Zwiebel (60 g)

2 kleine Champignons

einige Tropfen Olivenöl zum
Beträufeln

Außerdem

Trüffel- oder Gemüsehobel

runder Metallring (9 cm ø)

Zubereitungszeit: 15–20 Min.

Pro Portion:
260 kcal, E = 33 g, F = 12 g, KH = 5 g

1 Rindertatar in eine Schüssel geben. Die Sardelle kalt abspülen, mit einem Küchenpapier trocken tupfen und zusammen mit den Kapern fein hacken. Oliven und Essiggurken klein schneiden. Basilikum waschen und trocken schütteln. 8–10 mittelgroße Blätter abzupfen und grob schneiden. Den Rest zur Dekoration beiseitelegen.

2 Das Tatar sorgfältig mit den vorbereiteten Zutaten sowie Senf, Tomatenketchup und Eigelb verrühren und mit Meersalz, Pfeffer und Cayennepfeffer pikant abschmecken.

3 Die Zwiebel abziehen und in möglichst feine Streifen oder Ringe schneiden. Champignons putzen, evtl. Schmutzreste mit einem Küchenpapier abreiben.

4 Den Metallring auf einen Teller legen, die Hälfte des Tatars einfüllen und flach eindrücken. Den Ring abziehen und die zweite Portion ebenfalls auf diese Weise anrichten. Für eine schöne Optik die Tataroberfläche mit einem langen Messer rautenförmig einschneiden. Die Zwiebeln darauf verteilen und darüber dünn die Champignons hobeln. Mit einigen Tropfen Olivenöl beträufeln und Basilikum garnieren und z. B. mit Vollkornbrot, Pumpernickel oder Bauernbrot servieren. Was dabei nicht fehlen darf, ist frische Butter!

TIPP DER KÜCHENCHEFIN Das Steak »Tatar« können Sie auch kurz in der Pfanne braten. Dafür 1 EL Olivenöl in einer Pfanne erhitzen, Tatar zu 2 runden Fladen formen, in das heiße Öl geben, 2 Min. braten, wenden und 1 Min. weiterbraten. Die lauwarmen rosa gebratenen Steaks wie oben beschrieben anrichten. Wer rohe Zwiebeln weniger gut verträgt, kann diese auch in 1 EL Olivenöl in 2–3 Min. goldbraun rösten, leicht salzen und dazu servieren.

DAS SAGT DIE MEDIZIN Rindertatar oder Schabefleisch wird aus fett- und sehnenarmem Rindfleisch hergestellt. Sein Fettanteil beträgt höchstens 6 %, weshalb es auch nur wenige der gesundheitlich bedenklichen gesättigten Fettsäuren enthält. Mageres Fleisch stellt eine wertvolle Quelle an Proteinen, Nukleinsäuren, Eisen und fettlöslichen Vitaminen dar, und gerade Menschen in reiferem Alter müssen auf eine ausreichende Zufuhr an Eiweiß achten. Empfehlenswert sind etwa 1–2 g Eiweiß pro kg Körpergewicht am Tag. Je ein Viertel daraus sollte aus Fleisch, Fisch, Milchprodukten oder pflanzlichen Nahrungsmitteln stammen. Insofern kann ein bis zwei Mal pro Woche mageres Fleisch auf dem Speiseplan stehen. Vegetarier sollten auf alternative Eiweißquellen aus frischem Gemüse und Sojaprodukten achten.

Frühlingskräutersuppe
MIT SPARGEL UND LEINSAMEN

FÜR 2 PERSONEN

Für den Spargelsud

1 TL Zucker

1 gestrichener TL Salz

1 TL Butter

Für die Suppe

300 g weißer Spargel

100 g Sahne

1 Msp. Cayennepfeffer

etwas frisch geriebene Muskatnuss

1 Kräuterbund, z. B. aus Schnittlauch, Kerbel, ausgewachsener Garten-kresse, Dill, glatter Petersilie und Sauerampfer (etwa 80 g)

2 TL geschroteter Leinsamen

Zubereitungszeit: 30 Min.

Pro Portion:
245 kcal, E = 6 g, F = 20 g, KH = 10 g

1 Alle Zutaten für den Spargelsud in einem Topf (20 cm Ø) mit 400 ml Wasser zum Kochen bringen.

2 Währenddessen den Spargel schälen, die holzigen Enden abschneiden. Spargelspitzen 3–4 cm lang abschneiden und der Länge nach halbieren. Die Spargelstangen in 1 cm große Stücke schneiden, mit den Spargelspitzen in den kochenden Sud geben und 12 Min. bei mittlerer Hitze weich kochen. Spargel-spitzen aus der Suppe heben und beiseitelegen.

3 Von der Sahne 2 EL abnehmen und in einer kleinen Schüssel beiseitestellen. Die übrige Sahne zur Suppe geben, alles auf-kochen und 1 Min. weiter köcheln lassen. Die Suppe mit dem Pürierstab fein mixen, mit Cayennepfeffer und Muskatnuss abschmecken. Gegebenenfalls etwas nachsalzen.

4 Die Kräuter waschen, trocken schütteln und die groben Stie-le abzupfen. Schnittlauch in feine Röllchen schneiden und bei-seitelegen. Die übrigen Kräuter in ein hohes Gefäß geben, mit 80 ml eiskaltem Wasser übergießen. Alles mit dem Pürierstab fein mixen.

5 Kurz vor dem Servieren die Kräuter einrühren. Die Suppe noch einmal kurz aufkochen und schaumig pürieren. In vorge-wärmten tiefen Tellern oder Schalen anrichten. Spargelspitzen darauf verteilen, mit der flüssigen Sahne beträufeln und Schnittlauch sowie Leinsamen bestreuen. Sofort servieren.

TIPP DER KÜCHENCHEFIN Mischen Sie die Suppe erst kurz vor dem Servieren mit dem Kräuterpüree, da dieses bei zu langer Hitzeeinwirkung seine schöne grüne Farbe verliert.

DAS SAGT DIE MEDIZIN Schon der griechische Arzt Hippo-krates (um 460 v. Chr.) erwähnte den Spargel als Heilpflan-ze. Eine 500-g-Portion enthält gerade einmal 100 kcal und kaum Kohlenhydrate, dafür aber immerhin 8 g an wichtigen Ballaststof-fen. Dazu kommt genau die Menge an Vitamin C und E, die dem Tagesbedarf eines Erwachsenen entspricht, sowie 50 % der täg-lichen Bedarfsmenge an den Vitaminen B_1 und B_2, die positiv auf die Gehirnleistung wirken. Herz und Kreislauf werden durch den Gehalt des Feinschmeckergemüses an Magnesium, Kupfer sowie Folsäure und Vitamin E gestärkt. Auch ein vorzeitiges Altern der Haut und ein Nachlassen der Sehkraft kann durch diese Inhalts-stoffe gebremst werden. Darüber hinaus fördern Kaliumsalze und ätherische Öle die Nierentätigkeit. Die im Spargel enthaltene Asparaginsäure regt die Wasserausscheidung an, aktiviert Leber und Gallenblase und fördert so den Abtransport von Stoffwechsel-schlacken aus dem Körper.

Putenroulade
MIT MANGOLD UND MORCHELN

FÜR 2 PERSONEN

Für die Rouladen

2 Putenschnitzel (à 120 g)

200 g junger roter, gelber oder weißer Mangold

Salz

1 EL Rapsöl zum Braten

Für das Spargelgemüse

500 g weißer Spargel

8–10 g mittelgroße frische Morcheln (oder 10 g getrocknete Morcheln, in lauwarmem Wasser eingeweicht)

2 EL Rapsöl

Meersalz, z.B. Fleur de Sel

150 ml Gemüsebrühe

1 Schuss weißer Portwein

100 g Sahne

1 gestrichener TL Speisestärke

schwarzer Pfeffer aus der Mühle

frisch geriebene Muskatnuss

½ Bund frischer Schnittlauch

Außerdem

4 Zahnstocher

Gefrierbeutel

Fleischklopfer

Zubereitungszeit: 30 Min.

Pro Portion:
490 kcal, E = 36 g, F = 33 g, KH = 9 g

1 Die Putenschnitzel kalt abbrausen, mit einem Küchenpapier trocken tupfen und halbieren. Den Gefrierbeutel an den beiden Längsseiten aufschneiden und aufklappen. Dann 1 Schnitzel darauflegen, abdecken und mit einem Fleischklopfer flach klopfen. Mit dem anderen Schnitzel ebenso verfahren.

2 Den Mangold putzen und waschen. Die etwa 15 cm langen Stiele abschneiden, in kochendem Salzwasser 7 Min. garen, herausnehmen, eiskalt abschrecken und auf einem Küchenpapier trocken tupfen. Die Mangoldblätter in 3 cm große Quadrate schneiden. Den Spargel schälen, die holzigen Enden abschneiden und die Stangen schräg in 1 cm große Stücke schneiden.

3 Die frischen Morcheln waschen, je nach Größe halbieren oder vierteln und mit einem Küchenpapier trocken tupfen. Getrocknete Morcheln gut ausdrücken, je nach Größe halbieren oder vierteln und ebenfalls trocken tupfen. Einweichwasser weggießen.

4 Das Rapsöl in einem Topf (24 cm ∅) erhitzen, Spargelstücke hineingeben und 2 Min. bei mittlerer Hitze anbraten. Morcheln dazugeben, gleich mit 1 Prise Meersalz würzen und 1 Min. weiterbraten. Mit der Gemüsebrühe ablöschen, Mangoldblätter und Portwein dazugeben, aufkochen lassen, Sahne dazugießen und bei geringer Hitze 5 Min. garen.

5 Die Speisestärke mit einem Schuss kaltem Wasser glatt rühren, in die kochende Sauce rühren und 2 Min. köcheln. Das Spargelgemüse mit Meersalz, Pfeffer und Muskatnuss abschmecken. Den Schnittlauch waschen, trocken schütteln und in feine Röllchen schneiden.

6 Die Putenschnitzel von beiden Seiten mit Salz und Pfeffer würzen, je 3 Mangoldstiele darauflegen, aufrollen und mit einem Zahnstocher fixieren. 1 EL Rapsöl in einer Pfanne erhitzen, Putenrouladen hineingeben und ringsherum in 3 Min. goldbraun braten. Die Pfanne vom Herd nehmen und das Fleisch 3 Min. in der Resthitze ziehen lassen.

7 Das Spargelgemüse noch einmal aufkochen und mit Schnittlauch verfeinern. Mit den Putenrouladen auf vorgewärmten Tellern anrichten und z.B. mit jungen Pellkartoffeln servieren.

DAS SAGT DIE MEDIZIN Der dem Spinat verwandte Mangold enthält reichlich Kalium, Kalzium, Magnesium, Vitamin A und C sowie die für die Blutbildung wichtige Folsäure. Außerdem steckt die Aminosäure Betain in dem grünen Blattgemüse. Sie unterstützt Leber und Galle bei der Fettverdauung und entlastet so den Stoffwechsel.

Schweinefilet

MIT JUNGEN ERBSEN UND ESTRAGON

FÜR 2 PERSONEN

300 g Schweinefilet

½ Zwiebel (50 g)

1 TL Butter

200 g junge TK-Erbsen

Salz

150 ml Gemüsebrühe

2 EL Sahne

schwarzer Pfeffer aus der Mühle

2 EL Traubenkernöl

einige Estragonblätter

2–3 Stängel glatte Petersilie

etwa 1 EL schwarzer Sesam

(Asiamarkt)

Zubereitungszeit: 30 Min.

Pro Portion:
405 kcal, E = 39 g, F = 21 g, KH = 16 g

1 Das Fleisch kalt abbrausen, mit Küchenpapier trocken tupfen, evtl. von Sehnen befreien und in 6 gleich große Stücke schneiden. Die Stücke aufstellen und etwas flach drücken.

2 Die Zwiebel abziehen und fein würfeln. Die Butter in einem kleinen Topf (18 cm Ø) aufschäumen lassen, Zwiebeln darin 3 Min. dünsten, tiefgefrorene Erbsen dazugeben, kurz durchrühren, gleich mit 1 Prise Salz würzen und mit der Gemüsebrühe ablöschen. Die Erbsensauce aufkochen und 7 Min. bei geringer Hitze köcheln lassen.

3 Von den weich gekochten Erbsen 3 EL in ein hohes Gefäß geben, etwas Brühe aus dem Topf dazugießen, mit dem Pürierstab fein mixen und als Püree zurück in die Sauce geben. Gefäß mit einem Schuss Wasser ausschwenken und dieses in die Sauce geben. Sahne dazugießen und nochmals aufkochen lassen. Die Erbsensauce mit Salz und Pfeffer abschmecken.

4 Die Filetstücke von beiden Seiten mit Salz und Pfeffer würzen. Traubenkernöl in einer Pfanne erhitzen, Fleischstücke hineingeben, 2 Min. anbraten, wenden und in weiteren 7 Min. bei geringer Hitze rosa garen. Dabei die Fleischstücke mehrmals wenden, bis sie ringsherum goldbraun gebraten sind.

5 Die Kräuter waschen, trocken schütteln, einige Kräuterspitzen zur Dekoration beiseitelegen, den Rest abzupfen und fein schneiden. Den Sesam auf einen flachen Teller geben. Die Fleischstücke aus der Pfanne heben und oben und unten im Sesam wälzen.

6 Die Erbsensauce mit dem Schweinefilet auf vorgewärmten Tellern anrichten und mit den Kräutern garnieren. Als Beilage eignen sich in Olivenöl gebratene neue Kartoffeln.

TIPP DER KÜCHENCHEFIN Sesam schmeckt noch aromatischer, wenn man die Körner ohne Fett in einer Pfanne so lange röstet, bis sie zu knacken beginnen und duften.

DAS SAGT DIE MEDIZIN Traubenkernöl enthält 70 % an verjüngenden, mehrfach ungesättigten Fettsäuren. Darunter sind insbesondere die Omega-6-Fettsäuren erwähnenswert. Sie gehören zu den essenziellen Fettsäuren, die der Körper nicht selbst herstellen kann und die wir über die Nahrung aufnehmen müssen. Omega-6-Fettsäuren stecken auch in Walnuss-, Sonnenblumen-, Soja- und Distelöl. Innerhalb einer ausgewogenen, verjüngend wirkenden Ernährung ist das Verhältnis von Omega-3- zu Omega-6-Fettsäuren 5:1 ideal. Der tägliche Verzehr an Omega-6-Fettsäuren sollte von der Gesamtmenge her bei unter 9 g pro Tag liegen.

Zitronenhähnchen
MIT WILDKRÄUTERSALAT

FÜR 2 PERSONEN

Für den Salat

etwa 50 g gemischte Wildkräuter
(z. B. Brennnessel, Schafgarbe, Ysop,
Vogelmiere, Pfefferminze, Löwen-
zahn und Borretsch)

etwa 70 g gemischte junge Salat-
blätter

2 EL Apfelessig

1 EL Akazienhonig

2 Prisen Salz

schwarzer Pfeffer aus der Mühle

2 EL Distelöl

1 EL Leinöl

Für die Zitronenhähnchen

2 Hähnchenbrüste mit Haut (à 200 g)

½ Zitrone

2 EL Olivenöl zum Braten

Cayennepfeffer

Zubereitungszeit: 30–35 Min.

Pro Portion:
525 kcal, E = 45 g, F = 35 g, KH = 8 g

1 Die Kräuter von den groben Stielen befreien und klein zupfen. Zusammen mit den Salatblättern waschen und in einer
Salatschleuder trocken schleudern.
2 In einer kleinen Schüssel den Apfelessig mit dem Akazienhonig verrühren und mit Salz und Pfeffer würzen. Zum Schluss die
beiden Öle einrühren.
3 Die Hähnchenbrüste kalt abbrausen, mit einem Küchenpapier trocken tupfen, evtl. von Sehnen befreien.
4 Die Zitrone schälen und dabei auch die weiße Haut entfernen. Filets herausschneiden und in kleine Stücke schneiden.
5 Das Olivenöl in einer Pfanne erhitzen. Hähnchenbrüste von
beiden Seiten mit Salz, Pfeffer und etwas Cayennepfeffer würzen. Hähnchenbrüste mit der Hautseite zuerst in die Pfanne
legen, bei mittlerer Hitze 5 Min. braten, wenden und in weiteren
10 Min. bei geringer Hitze fertig braten. Dabei die Hähnchenbrüste immer wieder wenden. Das Fleisch aus der Pfanne
heben. Zitronenfilets ins Bratfett geben und kurz wenden.
6 Den Salat mit dem Dressing anmachen und mit Salz und
Pfeffer abschmecken. Zusammen mit der aufgeschnittenen
kross gebratenen Hühnerbrust anrichten und mit dem Zitronenöl beträufeln.

TIPP DER KÜCHENCHEFIN Für eine etwas »schlankere«
Variante dieses Gerichts können Sie vor dem Braten die
Haut der Hähnchenbrust entfernen. Die gemischten Wildkräuter
erhalten Sie frisch auf dem Bauern- oder Wochenmarkt.

DAS SAGT DIE MEDIZIN Distel- und Leinöl stellen im Hinblick auf ihre verjüngende Wirkung eine höchst wirkungsvolle Kombination dar: Sie enthalten mehrfach ungesättigte Fettsäuren. Diese dienen vor allem der Bildung der Zellmembranen,
den äußeren Begrenzungen von Körperzellen. Außerdem sind sie
wichtig für die Regulation unserer körpereigenen Abwehrfunktio-
nen. Beide Öle sollten vorwiegend für kalte Speisen und Salate
verwendet und nicht erhitzt werden. Olivenöl hingegen enthält vor
allem einfach ungesättigte Omega-9-Fettsäuren, die den größten
Teil unserer täglichen Aufnahme an dem wichtigen Nährstoff Fett
ausmachen sollten. Mit zunehmendem Alter benötigt man diese
Fettsäuren verstärkt, da sie vor Arteriosklerose und Fettstoffwechselstörungen schützen.
Apfelessig werden eine ganze Reihe verjüngender Eigenschaften
nachgesagt: So soll er erhöhte Blutfettwerte senken, Magenpro-
bleme lindern, entwässernd und verdauungsanregend wirken. Für
diese Effekte sorgt sein Gehalt an Kalium, Kalzium und Pektinen.

Gegrillter Tofu
MIT BROKKOLI UND ALGENREIS

FÜR 2 PERSONEN

Für den Algenreis

120 g Basmatireis

3 g getrocknete, gemischte Meeres-
algen (Asiamarkt oder Reformhaus)

Für den Tofu

300 g Tofu zum Braten (Asiamarkt
oder Reformhaus)

1 EL Sojasauce

Für das Gemüse

400 g Brokkoli

100 g Austernpilze

1 Zwiebel (100 g)

1 kleine Knoblauchzehe

3 EL Pflanzen- oder Sojaöl

100 ml Gemüsebrühe

2 EL Sojasauce

3 EL Austernsauce (Asiamarkt)

Außerdem

Alufolie

Zubereitungszeit: 30–35 Min.

Pro Portion:
565 kcal, E = 25 g, F = 23 g, KH = 64 g

1 Den Backofen auf Grillfunktion vorheizen.

2 Reis nach Packungsanleitung kochen. 2–3 Min. vor Garzeitende die klein geschnittenen Algen unter den heißen Reis rühren und quellen lassen.

3 Den Tofu in 2 cm große Würfel schneiden, in eine Schüssel
geben, mit 1 EL Sojasauce beträufeln und durchrühren. Tofuwür-
fel auf einem mit Alufolie ausgelegten Blech verteilen, in den
Backofen schieben (2. Einschub von oben) und 12 Min. grillen.
Tofu vorsichtig wenden, da er leicht an der Folie kleben bleibt,
und weitere 3 Min. garen.

4 Den Brokkoli waschen, putzen und in ½ cm dicke Scheiben
schneiden, Austernpilze putzen und in grobe Stücke zupfen.
Zwiebel und Knoblauch abziehen, Zwiebel halbieren und in
2 cm große Stückchen schneiden. Knoblauch in feine Scheiben
schneiden.

5 Das Öl in einem Wok oder einer großen Pfanne erhitzen,
Brokkoli und Zwiebeln 3 Min. unter Rühren anbraten, Austernpilze zugeben, 3 Min. weiterbraten, Gemüsebrühe, 2 EL Sojasauce und Austernsauce einrühren und in 4 Min. sämig einkochen lassen. Zum Schluss die Knoblauchscheiben hineingeben.

6 Den Tofu aus dem Ofen nehmen, unter das gebratene Gemüse geben und mit dem Algenreis auf vorgewärmten Tellern oder
in Schälchen servieren.

TIPP DER KÜCHENCHEFIN Tofu wird aus einem weißen
Sojabohnenteig hergestellt, der bei der Gerinnung von Sojamilch entsteht. Der daraus hervorgehende Quark wird anschließend zu Blöcken gepresst. Dieses Verfahren ist der Käsegewinnung
aus Milch sehr ähnlich. Tofu hat einen neutralen Eigengeschmack,
weshalb er vielseitig gewürzt werden kann. Aufgrund seines hohen
Gehalts an hochwertigem Eiweiß ist Tofu ein idealer Fleischersatz
für Vegetarier. Liebhaber der scharfen Küche können für dieses
Gericht auch ½ rote Chilischote klein schneiden und zum Schluss
unter das Gemüse rühren.

DAS SAGT DIE MEDIZIN Brokkoli zählt zu den gesündes-
ten Gemüsesorten. Er ist reich an Protein (3,1 g/100 mg),
Vitamin C und Folsäure und enthält auch die Vitamine A, B_1, B_2,
Kalzium sowie Eisen. Zudem stecken viele Ballaststoffe in dem
Gemüse. Wie andere Kohlsorten auch wirkt Brokkoli aufgrund seines hohen Beta-Carotin-Gehalts positiv auf das Immunsystem. Die
in der jungen Pflanze enthaltenen so genannten Isothiocyanate,
insbesondere das Sulforaphan, können laut neuerer Studien das
Wachstum von Krebszellen verhindern.

Dorade
MIT ZUCKERSCHOTEN UND ROTEN LINSEN

FÜR 2 PERSONEN

Für den Salat

120 g Zuckerschoten

60 g rote Linsen

1 kleine Schalotte (20 g)

2 EL Champagneressig

brauner Zucker

Salz

schwarzer Pfeffer aus der Mühle

2 EL Olivenöl

einige Stängel frischer Kerbel
(etwa 5 g)

2 Stängel Pimpernelle

Für die Dorade

4 Doradenfilets mit Haut, geschuppt
(à 100 g)

Meersalz, z.B. Fleur de Sel

2 EL Zitronenöl (Feinkostabteilung),
siehe Tipp der Küchenchefin

Für die Joghurtsauce

1 Prise Fenchelsamen

3 EL Naturjoghurt (1,5 % Fett)

Zubereitungszeit: 30 Min.

Pro Portion:
505 kcal, E = 49 g, F = 25 g, KH = 22 g

1 Zuckerschoten putzen, Enden abknipsen und Schoten schräg in dünne Streifen schneiden. In kochendem Salzwasser 2 Min. garen, mit einer Schaumkelle aus dem Wasser heben. Eiskalt abschrecken und in einem Sieb abtropfen lassen. Die Linsen in das heiße Salzwasser geben und je nach Sorte in etwa 8–9 Min. weich garen, abgießen und abtropfen lassen.

2 Für die Marinade die Schalotte abziehen und fein würfeln. Champagneressig in eine größere Schüssel geben und mit je 2 Prisen Zucker und Salz sowie Pfeffer würzen. Zum Schluss das Olivenöl und die Schalotte einrühren. Die Kräuter waschen, trocken schütteln, einige Blättchen zur Dekoration beiseitelegen, den Rest abzupfen und grob schneiden.

3 Den Fisch kalt abbrausen, mit einem Küchenpapier trocken tupfen und die Haut im Abstand von etwa 2 cm 4–5-mal schräg einschneiden. Die Filets mit Meersalz und Pfeffer würzen. Das Zitronenöl in einer großen Pfanne erhitzen und die Filets mit der Hautseite nach unten in die Pfanne legen. 3 Min. braten, wenden, die Pfanne vom Herd nehmen und den Fisch 1 Min. in der Restwärme nachziehen lassen.

4 Für die Joghurtsauce die Fenchelsamen im Mörser fein zerreiben. Joghurt in eine kleine Schüssel geben und mit dem Fenchel sowie 1 Prise Salz würzen. Die lauwarmen Linsen mit den Zuckerschoten und der Marinade mischen. Kräuter unterheben, evtl. mit Salz und Pfeffer abschmecken. Den lauwarmen Linsensalat mit den Fischfilets auf vorgewärmten Tellern anrichten. Mit der Joghurtsauce beträufeln und den beiseitegelegten Kräutern garnieren und servieren.

TIPP DER KÜCHENCHEFIN Sollten Sie kein Zitronenöl zur Hand haben, können Sie auch zu herkömmlichem Olivenöl greifen. In diesem Fall beträufeln Sie den gebratenen Fisch noch mit einem Spritzer Zitronensaft. Mischen Sie die Linsen und die Zuckerschoten erst kurz vor dem Servieren. Durch die Essigsäure verlieren die Zuckerschoten leicht ihre schöne grüne Farbe.

DAS SAGT DIE MEDIZIN Bei Zuckerschoten ist der Gehalt an Kohlenhydraten, Vitamin C und K sowie Folsäure im Vergleich zu anderen Erbsensorten besonders hoch. Ansonsten sind sie eine hervorragende Quelle für Eiweiß, Kalium, Eisen, Magnesium, Zink und Kupfer. Insofern eignen sie sich hervorragend als »Gehirnnahrung« für ältere Menschen. Folsäure spielt mit zunehmendem Alter eine besondere Rolle, denn es senkt den Homocysteinspiegel und schützt so vor Arteriosklerose.

Garnelenspieß
MIT KARAMBOLE, CHILI UND WILDREIS

FÜR 2 PERSONEN

Für den Wildreis

100 g Wildreis

Salz

1 TL Butter

Für die Marinade

2 Scheiben frischer Ingwer (6 g)

½ rote kleine Chilischote

1 kleines Stück Frühlingszwiebel
(10 g)

Saft (50 ml) und abgeriebene Schale
von ½ Bio-Orange

Meersalz, z.B. Fleur de Sel

1 Msp. Currypulver

2 EL Olivenöl

Für die Garnelenspieße

12 Garnelen ohne Kopf und Schale
(etwa 300 g)

½ reife Karambole (Sternfrucht,
100 g)

2 EL Olivenöl

schwarzer Pfeffer aus der Mühle

Außerdem

6 Holzspieße

Zubereitungszeit: 60 Min.

Pro Portion:
520 kcal, E = 32 g, F = 26 g, KH = 40 g

1 Den Wildreis nach Packungsanleitung in reichlich kochendem Salzwasser weich kochen. Den Reis in ein Sieb abgießen, wieder zurück in den Topf geben und mit der Butter verfeinern. Bis zum Servieren abdecken.

2 In der Zwischenzeit den Ingwer schälen und fein hacken. Chili ebenfalls fein schneiden. Die Frühlingszwiebel in kleine Würfel schneiden. Alles in eine Schüssel geben und mit Orangensaft und -schale mischen. Mit Meersalz und Curry abschmecken und zum Schluss das Olivenöl einrühren.

3 Für die Spieße die Garnelen kalt abbrausen, mit Küchenpapier trocken tupfen. An der oberen Seite leicht einritzen, Darmfaden entfernen. Die Karambole in 6 etwa 1 cm dicke Scheiben schneiden. Auf jeden Spieß 2 Garnelen und 1 Scheibe Karambole stecken.

4 Das Olivenöl in einer großen Pfanne erhitzen. Garnelenspieße mit Meersalz und Pfeffer würzen. Die Spieße in das heiße Öl geben, 2 Min. bei mittlerer Hitze braten und wenden. Die Pfanne vom Herd nehmen und in der Restwärme noch 1 Min. ziehen lassen.

5 Den Butterreis mit den Garnelenspießen auf vorgewärmten Tellern oder in Schalen anrichten, mit der fruchtigen Marinade beträufeln und servieren.

TIPP DER KÜCHENCHEFIN Bis der Wildreis gar ist, kann es bis zu 1 Std. dauern. Die Garzeit hängt von der Reisqualität ab. Der Reis sollte dabei aufspringen und am Ende schön weich und saftig sein.

DAS SAGT DIE MEDIZIN Die Sternfrucht wird in der Küche als Zutat etwas stiefmütterlich behandelt und oft nur für dekorative Zwecke verwendet. Dabei stecken in der Powerfrucht echte Anti-Aging-Kräfte: Durch ihr Vitamin C wirkt die Karambole antioxidativ. Vitamin B_1 regt die Hirnleistung an und füllt die Kalium- und Eisenspeicher auf.
Chili ist aufgrund seines Gehalts an Capsaicin, der für die Schärfe der Schote verantwortlich ist, ein beliebtes Würzmittel. Das Capsaicin soll zudem dabei helfen, den Körperfettanteil zu verringern und wirkt entzündungshemmend. Weitere wichtige und teilweise antioxidativ wirkende Inhaltsstoffe sind Kalium, Magnesium, Kalzium, Vitamin C und Carotinoide.
Garnelen enthalten viel hochwertiges Eiweiß und eine hohe Konzentration an Omega-3-Fettsäuren, die entzündungshemmend und blutverdünnend wirken. Auch von Jod und Selen ist in Garnelen so viel enthalten, dass eine Portion den Tagesbedarf sichert.

Ananasgrütze
MIT MARACUJA, PAPAYA UND LORBEER

FÜR 2 PERSONEN

200 ml Orangensaft, frisch gepresst

1 Gewürznelke

1 kleines Lorbeerblatt

1 TL Puderzucker

etwa 1,5 g Johannisbrotkernmehl (Reformhaus, Messbecher liegt bei)

300 g Ananas (ergibt etwa 200 g Fruchtfleisch)

200 g reife Papaya

1 reife Maracuja (Passionsfrucht)

Zubereitungszeit: 15 Min.

Pro Portion:
135 kcal, E = 3 g, F = 1 g, KH = 28 g

1 Den Orangensaft zusammen mit Nelke, Lorbeer und Puderzucker in einem kleinen Topf (16 cm ∅) erwärmen. Kurz vor dem Aufkochen das Johannisbrotkernmehl als Bindemittel einrühren und unter ständigem Rühren bei geringer Hitze in etwa 1 Min. sämig einkochen. Lorbeerblatt und Nelke entfernen.

2 Die Ananas schälen, braune Stellen herausschneiden und den Strunk entfernen. Papaya halbieren, Kerne entfernen und schälen. Ananas und Papaya in mundgerechte Stücke schneiden. Maracuja halbieren und Kerne mit Saft in eine Schüssel geben. Ananas und Papaya dazugeben.

3 Den angedickten Orangensaft über das Obst gießen und vorsichtig durchrühren. Die zart abgebundene Ananasgrütze in Portionsgläser oder -schalen füllen und als leichtes Obstdessert pur oder mit Vanilleeis servieren.

DAS SAGT DIE MEDIZIN Ananas ist reich an Vitaminen. Die exotische Frucht besitzt viel Vitamin A und C und zusätzlich Mineralstoffe wie Kalium, Kalzium, Magnesium, Phosphor, Eisen, Kupfer, Mangan, Zink, Jod sowie verschiedene Carotine. Das in der Ananas enthaltene Enzym Bromelain oder Bromelin fördert die Verdauung, indem es die Eiweißspaltung im Körper und somit die Fettverbrennung anregt. 100 g Ananas schlagen dabei nur mit etwa 55 kcal zu Buche. Des Weiteren sollen die Inhaltsstoffe der Ananas Entzündungen hemmen, blutdrucksenkend wirken und Schädigungen der Gefäßwände (Arteriosklerose) vorbeugen. Insofern ist Ananas die Anti-Aging-Frucht schlechthin.
Die Orange, die in diesem Rezept verwendet wird, ist zwar nicht die klassische Frühjahrsfrucht, bringt aber im Verbund mit der Ananas einen regelrechten Energiekick für das Immunsystem und wirkt so ebenfalls vitalisierend und erfrischend. Zudem ist sie erstaunlich gut sättigend und eine im Vergleich zu anderen Früchten und Gemüsesorten nahezu unschlagbare Vitamin-C-Quelle, wovon man gerade im reiferen Alter nicht genug bekommen kann. Vitamin C ist nicht nur ein gegen Freie Radikale wirksames Antioxidanz par excellence sondern im Vergleich zu anderen Vitaminen auch in hohen Dosen sehr gut verträglich.
In der obigen Kombination ist diese Fruchtgrütze eine hervorragende Stärkungsmahlzeit für die Abwehrkräfte. Sie enthält ca. 400 mg Vitamin C, also fast den gesamten Wochenbedarf eines Erwachsenen, 600 µg Vitamin E, welches die Vitamin-C-Wirkung noch steigert und 400 µg Provitamin A, die in erster Linie aus der Maracuja stammen. Damit stecken in diesem erfrischenden Dessert mehr Radikalfänger (Antioxidanzien) als in fast jeder handelsüblichen Nahrungsergänzung.

Rhabarberstrudel
MIT MARINIERTEN ERDBEEREN

FÜR 2 PERSONEN

400 g Rhabarber

1 kleines Stück frischer Ingwer

1 EL Vanillezucker

2 EL Zucker

40 g Butter

100 g Strudelteig
(Fertigprodukt/Kühlregal)

Für die Erdbeeren

150 g Erdbeeren

einige Spritzer Zitronensaft

1 TL Puderzucker

Puderzucker zum Bestäuben

Außerdem

Alufolie

Zubereitungszeit: 15–20 Min.
Backzeit: 30 Min.

Pro Portion:
440 kcal, E = 6 g, F = 22 g, KH = 54 g

1 Den Backofen auf 180 °C (Umluft) vorheizen.

2 Den Rhabarber waschen und putzen. Enden großzügig abschneiden und grobe »Fäden« abziehen. Die Stangen der Länge nach halbieren und in 6 cm lange Stücke schneiden. Ingwer schälen und möglichst fein reiben. Rhabarber in einer Schüssel mit 1 Msp. geriebenem Ingwer, Vanillezucker und Zucker mischen.

3 Die Butter in einem kleinen Topf erwärmen. Den Strudelteig auf einem Küchentuch ausbreiten und mit flüssiger Butter bepinseln. Auf dem unteren Drittel den Rhabarber verteilen und den Strudel mit Hilfe des Küchentuchs aufrollen. Die Strudelenden nach unten einschlagen.

4 Das Backblech gut mit Butter bepinseln. Den Strudel mit der »Nahtstelle« nach unten auf das Blech setzen und nun den kompletten Strudel dick mit flüssiger Butter bestreichen. Die Oberfläche des Strudels mit einem scharfen Messer der Länge nach einritzen. Den Strudelteig hier etwas auseinanderklappen, so karamellisiert der Rhabarber leicht an der Oberfläche. Den Strudel im vorgeheizten Backofen (Mitte) in 30 Min. goldbraun backen. Falls der Strudelteig zu dunkel wird, nach etwa 20 Min. mit Alufolie abdecken.

5 In der Zwischenzeit die Erdbeeren, waschen, putzen und vierteln. Zitronensaft und Puderzucker dazugeben, alles vorsichtig durchmischen und bis zum Servieren beiseitestellen. Den Strudel aus dem Ofen nehmen, etwas auskühlen lassen, mit Puderzucker bestäuben und den marinierten Erdbeeren servieren.

TIPP DER KÜCHENCHEFIN Beim Marinieren von Beeren sollten Sie immer einen Spritzer Zitronensaft dazugeben. Die Säure unterstützt das natürliche Aroma der süßen, sonnengereiften Früchte und unterstreicht ihren intensiven Geschmack.

DAS SAGT DIE MEDIZIN Schon vor 3 000 Jahren wussten die chinesischen Ärzte die Kräfte des Rhabarbers als Arznei mit verdauungsfördernder Wirkung zu nutzen. Ursache dafür sind die in den Stangen enthaltenen Anthranoide, die in Laxanzien angereichert werden. Das im Alter oft zunehmende Problem eines trägen Stoffwechsels kann mit dem gelegentlichen Verzehr von Rhabarber elegant reguliert werden. Außerdem enthalten die Rhabarberstangen Apfel-, Zitronen- und Oxalsäure sowie reichlich Vitamin A, B und C. Durch die Säuren werden die Vitamine besser verwertbar und können so ihre Wirkung als Anti-Aging-Vitamine voll entfalten.

GENUSSREZEPTE FÜR DEN

SOMMER

...leicht und erfrischend!

Wenn die Tage heiß und die Abende angenehm lau sind, wächst der Appetit auf Kühles und vor allem Leichtes. Langeweile kommt bei der sommerlichen Kost auf keinen Fall auf. Denn jetzt zur wärmsten Jahreszeit herrscht Überfluss an frischen Zutaten aus dem Garten und vom Feld, die reich an gesunden Biostoffen sind. Die Fülle an Nährstoffen sorgt in leichten, raffinierten kulinarischen Kombinationen für geistige und körperliche Frische.

Beerenmüsli
MIT AMARANTH UND SONNENBLUMENKERNEN

FÜR 2 PERSONEN

50 g Amaranth (Reformhaus)

200 g gemischte frische Beeren, wie
z.B. rote Johannisbeeren, Erdbeeren,
Heidelbeeren, Himbeeren

300 g Naturjoghurt (1,5 % Fett)

1 TL Ahornsirup

1 EL Granatapfelsaft (Direktsaft aus
dem Reformhaus)

1 EL Preiselbeersaft (Direktsaft aus
dem Reformhaus)

1 EL Sonnenblumenkerne

Zubereitungszeit: 35 Min.

Pro Portion:
225 kcal, E = 11 g, F = 7 g, KH = 28 g

1 Den Amaranth mit etwa ¼ l lauwarmem Wasser in einem kleinen Topf (18 cm ∅) zum Kochen bringen und bei geringer Hitze in 35 Min. weich garen. In ein Sieb abgießen, eiskalt abschrecken und gut abtropfen lassen.

2 In der Zwischenzeit die Beeren verlesen, kurz unter kaltem Wasser abbrausen, auf einem Küchenpapier abtropfen lassen und putzen. Johannisbeeren von den Rispen zupfen, indem man sie z.B. durch die Zinken einer Gabel zieht. Von den Erdbeeren die grünen Stielansätze entfernen und je nach Größe halbieren oder vierteln. Einige schöne Beeren zur Dekoration beiseitelegen.

3 Den Joghurt mit Ahornsirup, Granatapfel- und Preiselbeersaft verrühren. Die gemischten Beeren vorsichtig unterheben.

4 Die Sonnenblumenkerne in einer beschichteten Pfanne ohne Fett so lange rösten, bis sie nach 2–3 Min. angenehm nach Nüssen duften. Die Kerne aus der Pfanne heben und auf einem Teller abkühlen lassen.

5 Zum Schluss die gekochten Amaranthkörner unter das Beerenmüsli rühren, in Portionsschälchen oder Gläser füllen. Das Müsli mit Sonnenblumenkernen bestreuen, den beiseitegestellten Beeren garnieren und servieren. Das Müsli lässt sich sehr gut schon am Abend vorher zubereiten und kann auch über Nacht durchziehen.

TIPP DER KÜCHENCHEFIN Bei Heidelbeeren gibt es je nach Sorte große Geschmacksunterschiede. So findet man im Handel meist die so genannten Kulturheidelbeeren. Deutlich aromatischer sind Waldheidelbeeren. Sie sind auf Wochen- und Bauernmärkten erhältlich.

DAS SAGT DIE MEDIZIN Die Getreidesorte Amaranth ist eine der ältesten Nutzpflanzen der Menschheit und enthält etwa ein Drittel mehr Ballaststoffe und Zink als etwa Vollkornweizen, dazu knapp die doppelte Menge an Eisen, sowie hohe Konzentrationen an Magnesium und Kalzium. Die Samen sind ungewöhnlich reich an mehrfach ungesättigten Fettsäuren, darunter wertvolle Omega-6- und Omega-3-Fettsäuren. Sein Reichtum an Lysin, eine essenzielle Aminosäure, macht das Amaranth-Eiweiß sehr wertvoll. Da unsere heimischen Getreidesorten arm an Lysin sind, können sie durch eine Kombination mit Amaranth sinnvoll ergänzt werden. Zudem sind die Körner glutenfrei und damit für Zöliakiepatienten geeignet. Amaranth regt die Verdauung an, aktiviert den Stoffwechsel und wirkt so verjüngend auf den Organismus. Viele verschiedene Gerichte lassen sich mit den gesunden Körnern zubereiten, darunter Suppen, Müslis, Gemüsepfannen, Aufläufe und Süßspeisen.

Sauerrahmwaffeln
MIT KIRSCHEN UND BITTERSCHOKOLADE

FÜR 2–3 PERSONEN

Für die Kirschen

200 g Kirschen

100 ml schwarzer Johannisbeersaft
(Direktsaft aus dem Reformhaus)

2 EL Akazienhonig

1 dünne Ingwerscheibe, geschält

½ ausgekratzte Vanilleschote

etwa 1,5 g Johannisbrotkernmehl
(Reformhaus, Messbecher liegt bei)

1 kleines Stück Bitterschokolade
(3 g, 85 % Kakaoanteil)

Für die Waffeln

2 Eier (Größe M)

60 g Sauerrahm (10 % Fett)

40 g Sahne

1 Prise Salz

1 Msp. gemahlener Zimt

ein paar Tropfen Zitronensaft

20 g Zucker

50 g Weizenvollkornmehl

20 g flüssige Butter, lauwarm

etwas flüssiges Butterschmalz zum
Backen

Puderzucker zum Bestäuben

Außerdem

rundes Waffeleisen

Zubereitungszeit: 20–25 Min.

Pro Portion:
355 kcal, E = 8 g, F = 20 g, KH = 37 g

1 Die Kirschen waschen, Stiele entfernen, halbieren und entkernen.

2 Den Johannisbeersaft mit 100 ml kaltem Wasser in einem Topf (20 cm ∅) erwärmen. Honig, Ingwer und Vanilleschote dazugeben. Johannisbrotkernmehl einrühren, zum Kochen bringen und die Sauce in 3–4 Min. bei geringer Hitze unter ständigem Rühren sämig einkochen lassen. Zum Schluss die Schokolade dazugeben und schmelzen lassen. Die Kirschen hineinlegen und den Topf vom Herd ziehen.

3 Die Eier trennen. Eigelbe in einer Teigschüssel mit Sauerrahm, Sahne, Salz, Zimt und Zitronensaft verrühren. Die Eiweiße in einer zweiten fettfreien Schüssel mit dem Handrührgerät steif aufschlagen, dabei nach und nach den Zucker dazugeben. Mehl und Eiweiß vorsichtig unter die Sauerrahmmischung geben und zum Schluss die lauwarme Butter einrühren.

4 Das Waffeleisen aufheizen, ganz leicht mit Butterschmalz einpinseln und etwa ein Drittel des Teiges einfüllen. Waffeln in 2 Min. goldbraun backen, herausnehmen und den restlichen Teig ebenso ausbacken. Die Masse reicht für 3 Waffeln von etwa 17 cm ∅.

5 Die Waffeln nach Geschmack mit Puderzucker bestäuben und den Kirschen servieren.

TIPP DER KÜCHENCHEFIN Die Kirschen lassen sich gut auf Vorrat zubereiten: Dazu sollte die Sauce, nachdem die Kirschen hinzugefügt wurden, noch einmal kurz aufkochen und dann in ausgekochte, saubere und verschließbare Gläser gefüllt werden.

DAS SAGT DIE MEDIZIN Kirschen sind nicht nur lecker, sie schützen auch vor Alterungserscheinungen. Schon ½ l Kirschsaft deckt den täglichen Vitamin-C-Bedarf eines Erwachsenen. Ein halbes Pfund Kirschen täglich kann den Harnsäurespiegel senken und so vor Stoffwechselbeschwerden wie etwa Gicht schützen. Außerdem sollen die in den Kirschen enthaltenen Stoffe für eine glatte Haut sorgen. Sekundäre Pflanzenstoffe wie Anthocyane können außerdem den Blutzuckerspiegel senken, indem sie die Insulinproduktion der Bauchspeicheldrüse anregen. Daneben enthält das sommerliche Kernobst auch verjüngend und stärkend wirkende Inhaltsstoffe wie Vitamin C, Folsäure und Mineralstoffe sowie Kieselsäure und Pektin. Schwarze Johannisbeeren haben von allen heimischen Gartenfrüchten den höchsten Vitamin-C-Gehalt und wirken zusammen mit sekundären Pflanzeninhaltsstoffen, wie Anthocyane und Flavonoide höchst antioxidativ. Das Pektin in den Beeren regt die Verdauung an.

Gurken-Kefir-Drink
MIT RADIESCHENBROT

FÜR 2 PERSONEN

½ Salatgurke (250 g)

250 g kalter Kefir

1 EL Naturjoghurt (1,5 % Fett)

Meersalz, z. B. Fleur de Sel

schwarzer Pfeffer aus der Mühle

1 Stängel frischer Dill

1 TL Olivenöl

Für das Radieschenbrot

100 g Radieschen (etwa 6 Stück)

2 Scheiben Vollkornbrot

Butter oder körniger Frischkäse zum Bestreichen

Salz

½ Salatgurke zur Dekoration

Außerdem

2 Holzspieße

Gemüse- oder Trüffelhobel

Zubereitungszeit: 15 Min.

Pro Portion:
265 kcal, E = 7 g, F = 14 g, KH = 28 g

1 Die Salatgurke waschen, die bitteren Enden abschneiden und mit Schale in grobe Stücke schneiden. Die Gurkenstücke in ein hohes Gefäß geben. Kefir und Naturjoghurt dazugeben und mit dem Pürierstab schaumig mixen. Den Gurkendrink mit Meersalz und Pfeffer abschmecken.

2 Den Dill waschen, trocken schütteln. Spitzen abzupfen, fein schneiden und unter den Gurkendrink rühren.

3 Die Radieschen waschen, mit einem Gemüse- oder Trüffelhobel in feine Scheiben hobeln oder schneiden. Die Vollkornbrotscheiben mit Butter oder körnigem Frischkäse bestreichen, mit den Radieschen belegen und leicht salzen.

4 Die Gurke zur Dekoration der Länge nach in dünne Scheiben schneiden und auf die Holzspieße fädeln. Den schaumigen Gurkenkefir in Gläser füllen, mit je ½ TL Olivenöl beträufeln und den Gurkenspieß auf den Rand des Glases legen oder in das Glas hineingeben. Den Drink mit dem frischen Radieschenbrot servieren.

TIPP DER KÜCHENCHEFIN Der Gurken-Kefir-Drink schmeckt gut zum Frühstück oder als leichte Zwischenmahlzeit. Auch anstelle eines alkoholhaltigen Aperitifs macht er sich hervorragend. Dazu passt 1 gebratene Garnele am Spieß.

DAS SAGT DIE MEDIZIN Kefir ist ein dickflüssiges Sauermilchgetränk und gilt als »das Getränk der Hundertjährigen«. Es ist reich an Vitaminen der B-Gruppe sowie an Mineralstoffen wie Kalzium und Eisen. Kefir regt den Stoffwechsel an und ist gerade im Sommer sehr erfrischend. Ein wesentlicher Anteil seiner verjüngenden Wirkung wird den probiotischen Bakterien zugeschrieben, die dem Milchprodukt zur Fermentation zugesetzt werden. Bereits vor 100 Jahren erregte der russische Forscher und Nobelpreisträger Elie Metchnikoff mit seiner These, die hohe Lebenserwartung der Bulgaren sei auf deren beachtlichen Konsum an Joghurt und Kefir zurückzuführen, einiges Aufsehen. Heute lässt sich der verjüngende Wert von probiotischen Joghurts wissenschaftlich belegen. Deshalb sollten probiotische Milchprodukte, die auch von Menschen mit Laktoseintoleranz meist problemlos vertragen werden, regelmäßig verzehrt werden.
Radieschen sind ebenso wie ihre Verwandten, die Rettiche, ernährungsphysiologisch äußerst wertvoll. Ihre Senföle wirken antibakteriell und desinfizierend auf die Schleimhäute und vernichten schädliche Magen- und Darmbakterien. Ganz nebenbei helfen Rettich und Radieschen auch dabei, den Cholesterin- und Blutfettspiegel zu senken. Zudem enthalten sie reichlich vitalisierende Inhaltsstoffe, wie Kalium, Eisen, Kupfer, Magnesium und Vitamin C.

Mangobuttermilch
MIT VANILLE

FÜR 2 PERSONEN

1 reife Mango (400 g)

1 Vanilleschote

500 ml kalte Buttermilch

Außerdem

2 Holzspieße

Zubereitungszeit: 10 Min.

Pro Portion:
145 kcal, E = 7 g, F = 2 g, KH = 26 g

1 Die Mango schälen und das Fruchtfleisch vom Kern schneiden. Etwa 260 g Fruchtfleisch in grobe Stücke schneiden und in ein hohes Gefäß geben. Die Vanilleschote der Länge nach aufschneiden und das Mark mit dem Messerrücken herauskratzen. Buttermilch und Vanillemark zur Mango geben und mit dem elektrischen Pürierstab möglichst fein und schaumig mixen.

2 Das übrige Fruchtfleisch in mundgerechte Stücke schneiden oder auf die Spieße stecken.

3 Die Mangobuttermilch in hohe Gläser füllen und mit dem frisch aufgeschnittenen Fruchtfleisch servieren. Die dekorativen Spieße ins Glas geben oder auf den Glasrand legen.

DAS SAGT DIE MEDIZIN Buttermilch enthält doppelt soviel Lecithin wie Vollmilch sowie reichlich Vitamin A und E bei äußerst niedrigem Fettgehalt. Den Milchsäurebakterien (Lactobacillus Species) werden teilweise probiotische Eigenschaften zugeschrieben, die günstig auf die Gesundheit des Menschen wirken und Alterungsprozesse bremsen können.

Vanille-Milchreis
MIT KOKOSCHIPS

FÜR 2 PERSONEN

120 g Milchreis (Rundkornreis)

550 ml Milch (1,5 % Fett)

1 Vanilleschote

1 dünne Scheibe Ingwer, geschält

je 1 Stück Bio-Zitronen- und

Orangenschale (8–10 cm lang)

1–2 EL Zucker

2–3 EL Kokoschips (Reformhaus)

Zubereitungszeit: 25 Min.

Pro Portion:
430 kcal, E = 11 g, F = 12 g, KH = 67 g

1 Den Milchreis mit der Milch in einem Topf (20 cm ⌀) zum Kochen bringen. Vanillestange der Länge nach halbieren und das Mark herauskratzen. Vanilleschote mit Mark, Ingwer, Zitronen- und Orangenschale und dem Zucker zum Milchreis geben. Abgedeckt bei geringer Hitze etwa 18 Min. köcheln lassen und dabei immer wieder umrühren.

2 Den Milchreis vom Herd nehmen und weitere 5 Min. ziehen lassen. Die Aromageber entfernen.

3 In der Zwischenzeit die Kokoschips in einer Pfanne ohne Fett in etwa 1 Minute goldbraun rösten. Den Milchreis heiß, lauwarm oder kalt mit den Kokoschips bestreut servieren.

VARIANTE Wenn Sie es süßer mögen, schmecken Sie den Milchreis zum Schluss mit etwas mehr Zucker ab.

Paprika-Auberginen-Aufstrich
MIT THYMIAN

FÜR 2–3 PERSONEN

1 rote Paprikaschote (200 g)

1 gelbe Paprikaschote (200 g)

7 EL Olivenöl

1 Aubergine (260 g)

Meersalz, z. B. Fleur de Sel

1 Knoblauchzehe

3 Zweige frischer Thymian

schwarzer Pfeffer aus der Mühle

1 Msp. Cayennepfeffer

Zubereitungszeit: 45–50 Min.

Pro Portion:
245 kcal, E = 2 g, F = 24 g, KH = 5 g

1 Den Backofen auf Grillfunktion vorheizen. Die Paprikaschoten waschen, halbieren, entkernen und die weißen Samenwände entfernen. Die Hälften der Länge nach halbieren. Ein Backblech mit 1 EL Olivenöl bestreichen. Paprika mit der Hautseite nach oben auf das Blech setzen und mit 1 EL Olivenöl beträufeln. Das Backblech in den Ofen (Mitte) schieben und die Paprika 15–16 Min. übergrillen. Dabei wird die Haut schwarz und platzt auf. Außerdem gart die Paprika während des Grillens.

2 Die Aubergine waschen, putzen, Stielansatz entfernen und in kleine Würfel schneiden. 3 EL Olivenöl in einer Pfanne erhitzen, Auberginenwürfel hineingeben und gleich mit 1 Prise Meersalz würzen. Knoblauch mit der Handinnenfläche andrücken, abziehen, halbieren und zu den Auberginen geben. Auberginen unter ständigem Rühren in 15 Min. bei geringer Hitze weich braten. Aus der Pfanne heben, auf einem Küchenpapier abtropfen und auskühlen lassen.

3 Die Paprika aus dem Ofen nehmen, etwa 10–15 Min. lang mit 4 Blättern feuchtem Küchenpapier belegen und auskühlen lassen. Durch die Feuchtigkeit lässt sich die Haut leichter abziehen. Nach der Einwirkzeit die Paprikahaut abziehen. Die rote Paprika grob zerkleinern und in ein hohes Gefäß geben. 2 EL Olivenöl dazugeben und mit dem Pürierstab zu Paprikamark mixen. Gelbe Paprika in kleine Würfel schneiden.

4 Thymian waschen, trocken schütteln und einige Spitzen zur Dekoration beiseitelegen. Den Rest abzupfen und fein schneiden. Paprika- und Auberginenwürfel unter das Paprikamark rühren. Mit Meersalz, Pfeffer, Cayennepfeffer pikant abschmecken und mit Thymian verfeinern. Den Aufstrich in Portionsschälchen füllen, mit dem beiseitegelegten Thymian garnieren und servieren. Dazu passen getoastetes Ciabatta-Brot, Gemüsesticks oder Grissini. Auch roher oder gekochter Schinken schmeckt gut dazu.

DAS SAGT DIE MEDIZIN Das ist mediterrane Kost pur: rote und gelbe Paprika, Aubergine, Knoblauch, Olivenöl und Thymian! Seit der »Lyon Diet Heart Study« aus den 90er-Jahren wissen wir, dass diese Art der Ernährung zahlreiche gesundheitliche Vorteile vor allem für ältere Menschen aufweist. Sie kann eine Arteriosklerose verzögern und so das Herzinfarktrisiko senken. Offenbar scheinen mehrere Nahrungsinhaltsstoffe in Kombination, darunter Antioxidanzien wie die Vitamine C, E und A sowie sekundäre Pflanzenstoffe wie Resveratrol und einfach ungesättigte Fettsäuren, ebenso wie die Ölsäure diese verjüngenden Effekte zu bewirken.

Alpenquark
MIT BRUNNENKRESSE UND SCHNITTLAUCH

FÜR 2–3 PERSONEN

100 g Sauerrahm (10 % Fett)

100 g Magerquark

100 g Hüttenkäse

50 g Bergkäse

½ Bund frischer Schnittlauch

6–7 Stängel frische Brunnenkresse (etwa 15 g)

1 Msp. edelsüßes Paprikapulver

1 Prise gemahlener Kümmel

Salz

schwarzer Pfeffer aus der Mühle

Zubereitungszeit: 10 Min.

Pro Portion:
150 kcal, E = 15 g, F = 9 g, KH = 3 g

1 Den Sauerrahm in einer kleinen Schüssel mit Quark und Hüttenkäse verrühren.

2 Bergkäse entrinden und in kleine Würfel schneiden. Schnittlauch und Brunnenkresse waschen, trocken schütteln, einige Spitzen und Blätter zur Dekoration beiseitelegen. Brunnenkresse abzupfen und grob schneiden. Schnittlauch in feine Röllchen schneiden.

3 Käse und Kräuter zu dem angerührten Quark geben, mit Paprika, Kümmel, Salz und Pfeffer abschmecken.

4 Den Alpenquark zum Anrichten in Portionsschälchen oder in ein kleines Einmachglas geben, mit den beiseitegelegten Kräutern garnieren und z. B. mit Vollkornbrot, Brötchen oder Knäckebrot servieren.

DAS SAGT DIE MEDIZIN Magerquark enthält reichlich Eiweiß (etwa 13 g pro 100 g), kaum Fett und wenig Kohlenhydrate (etwa 3 g Lactose) und kann gut zur gesunden Kalorienreduktion eingesetzt werden, indem regelmäßig Mahlzeiten durch eine Magerquarkspeise ausgetauscht werden. Nicht zuletzt ist Magerquark eine gute Kalziumquelle und beugt Osteoporose vor.

Rucola-Frischkäse
MIT GETROCKNETEN TOMATEN UND OLIVEN

FÜR 2–3 PERSONEN

1 Bund Rucola (etwa 40 g)

100 g Frischkäse (Doppelrahmstufe)

150 g Magerquark

1 TL Arganöl

4 getrocknete, eingelegte Tomaten in Öl (30 g)

8 entsteinte schwarze Oliven (30 g)

Salz

schwarzer Pfeffer aus der Mühle

ein paar Scheiben Knäckebrot (verschiedene Sorten)

Zubereitungszeit: 10 Min.

Pro Portion:
255 kcal, E = 13 g, F = 13 g, KH = 22 g

1 Rucola waschen, trocken schütteln, grobe Stiele entfernen und Blätter grob schneiden. Frischkäse, Quark, Rucola und Arganöl in einer Schüssel glatt rühren. Getrocknete Tomaten und Oliven klein schneiden, unter den angemachten Frischkäse rühren und mit Salz und Pfeffer abschmecken.

2 Den sommerlichen Aufstrich mit dem Knäckebrot servieren.

TIPP DER KÜCHENCHEFIN Arganöl kann durch Leinöl oder Walnussöl ersetzt werden.

DAS SAGT DIE MEDIZIN Das walnussartig schmeckende Arganöl wird aus Früchten des in Marokko beheimateten Arganbaums gewonnen. Es besteht zu über 80 % aus ungesättigten Fettsäuren, davon u. a. etwa 33 % Linolsäure und 46 % Ölsäure. Von daher ähnelt es dem heimischen Rapsöl. Zusätzlich ist es besonders reich an Vitamin C (635 mg/l) und Phytosterolen, die das Öl vor Oxidation schützen; diese wiederum dienen dem Immunsystem als herausragende Radikalfänger.

Tomatensuppe
MIT BÜFFEL-MOZZARELLA UND BASILIKUM

FÜR 2–3 PERSONEN

1 Dose Pizzatomaten, in Stücke geschnitten (400 g)
Meersalz, z.B. Fleur de Sel
schwarzer Pfeffer aus der Mühle
1 Msp. Cayennepfeffer
1 Prise Zucker
2 Blatt weiße Gelatine

Für den Belag

150 g rote und gelbe Kirschtomaten
1 Büffel-Mozzarella (125 g)
1–2 Stängel frischer Basilikum
etwas Olivenöl zum Beträufeln
alter Aceto balsamico oder Crema di balsamico

Außerdem

Küchen- oder Passiertuch

Zubereitungszeit: 10 Min.
Vorbereitungszeit: 5 Std.
Kühlzeit: 12 Std.

Pro Portion:
160 kcal, E = 11 g, F = 10 g, KH = 6 g

1 Die Pizzatomaten in ein hohes Gefäß geben. Dose mit etwa 100 ml Wasser ausspülen und dazugeben. Mit Meersalz, Pfeffer, Cayennepfeffer und Zucker pikant abschmecken. Ein Sieb mit einem feuchten Küchen- oder Passiertuch auslegen und auf eine Schüssel stellen. Die pürierten Tomaten in das Sieb geben und etwa 5 Std. stehen lassen, sodass ein heller Tomatensud durchsickern kann.

2 Die Gelatine in kaltem Wasser einweichen. Den Tomatensud (etwa 260 ml) in einem kleinen Topf aufkochen lassen, mit Salz, Pfeffer und Cayennepfeffer abschmecken. Die ausgedrückte Gelatine darin auflösen, vom Herd nehmen und abkühlen lassen. Die noch flüssige Tomatensuppe in tiefe Teller oder Gläser füllen, mit Klarsichtfolie abdecken und über Nacht kühl stellen.

3 Kurz vor dem Servieren die Kirschtomaten waschen, je nach Größe halbieren oder vierteln und die Stielansätze herausschneiden. Büffel-Mozzarella in mundgerechte Stücke schneiden oder zupfen. Basilikum waschen und trocken tupfen. Einige schöne Blätter zur Dekoration zur Seite legen und 6–8 Blätter in kleine Stücke zupfen. Tomaten und Mozzarella mit Basilikum mischen und mit Meersalz und Pfeffer abschmecken.

4 Mozzarella-Salat auf der gelierten Tomatensuppe anrichten, mit Olivenöl und Aceto balsamico oder Crema di balsamico beträufeln, den beiseitegelegten Basilikumblättern garnieren und servieren.

TIPP DER KÜCHENCHEFIN Übrig gebliebenes Tomatenpüree können Sie mit einem Schuss Gemüsebrühe aufkochen und etwas Olivenöl verfeinern. Dann pikant abschmecken und als schnelle Tomatensauce mit Nudeln servieren.

DAS SAGT DIE MEDIZIN Die Tomate ist neben der Hagebutte die beste natürliche Quelle für Lycopin. Das Carotinoid verleiht ihnen ihre charakteristische rote Farbe. Lycopin zählt zu den Antioxidanzien und gilt als guter Radikalfänger. Es wirkt positiv gegen Alterungserscheinungen und stärkt das Immunsystem. Studien haben gezeigt, dass Lycopin das Krebsrisiko senken kann. Reife Tomaten enthalten 4–6 mg Lycopin pro 100 g, Dosentomaten sogar 10 mg pro 100 g, da durch das Einkochen mehr Lycopin freigesetzt wird. Durch Zugabe von etwas Öl wird die Verwertbarkeit des Lycopins für den Körper noch gesteigert. Die höchsten Lycopinkonzentrationen finden sich in Tomatenmark (60 mg/100 g).

Romanasalat
MIT PARMESAN UND KNOBLAUCHSPROSSEN

FÜR 2 PERSONEN

400 g Romanasalat

100 g Radicchio

20 g Knoblauchsprossen (Reform-
haus/Biomarkt)

Für das Dressing

2 Eier (Größe M)

1 Sardelle

1 TL mittelscharfer Senf

2 EL Naturjoghurt (1,5 % Fett)

10 g geriebener Parmesan

1½ EL Weißweinessig

2 EL Olivenöl

Salz

schwarzer Pfeffer aus der Mühle

1–2 Prisen Zucker

ein kleines Stück Parmesan zum
Servieren

Außerdem

Gemüse- oder Trüffelhobel

Zubereitungszeit: 20 Min.

Pro Portion:
255 kcal, E = 15 g, F = 20 g, KH = 3 g

1 Romanasalat und Radicchio waschen, putzen und halbieren. Die Strünke entfernen und die Salate in etwa 3 cm große Stücke schneiden. Den Salat in einer Salatschleuder trockenschleudern. Wer keine Salatschleuder hat, kann den Salat auch in ein Küchentuch geben, die Enden zusammenfassen und den Salat am besten draußen trocken schleudern. Anschließend den Salat in einer Salatschüssel mit den Knoblauchsprossen mischen.

2 Für das Dressing die Eier in kochendes Wasser geben und in 5 Min. weich kochen. Herausnehmen, eiskalt abschrecken, schälen und in ein hohes Gefäß geben. Die Sardelle kalt abbrausen, mit einem Küchenpapier trocken tupfen und grob zerzupfen. Sardellenstückchen, Senf, Joghurt, Parmesan, Weißweinessig und Olivenöl zu den Eiern geben und mit dem Pürierstab zu einem cremigen Dressing mixen. Mit Salz, Pfeffer und Zucker abschmecken.

3 Parmesan mit einem Gemüse- oder Trüffelhobel dünn hobeln. Die Späne lassen sich übrigens auch ganz einfach mit einem Sparschäler herstellen.

4 Den Salat mit dem Dressing mischen, gegebenenfalls mit Salz und Pfeffer abschmecken, auf Tellern anrichten, mit Parmesanspänen bestreuen und z.B. mit Vollkorncroûtons (siehe Tipp) servieren.

TIPP DER KÜCHENCHEFIN 1 Vollkornbrötchen oder 2 Scheiben Vollkorntoast in grobe Würfel schneiden und in einer heißen Pfanne mit 2 EL Olivenöl in 3 Min. goldbraun braten. Auf einem Küchenpapier abtropfen lassen und zum Salat servieren. Wer keine Knoblauchsprossen bekommt, kann auch ½ Knoblauchzehe mit ins Dressing mixen.

DAS SAGT DIE MEDIZIN Kaum einem anderen natürlichen Nahrungsmittel werden so viele gesundheitsfördernde Wirkungen nachgesagt wie dem Knoblauch. Die gesunde Knolle mit ihrem unverwechselbaren Duft enthält neben Wasser, Kohlenwasserstoffen, Eiweiß, Ballaststoffen und Mineralstoffen schwefelhaltige und schwefelfreie Wirkstoffe. Ihr in Hinblick auf ihre verjüngende Wirkung bedeutsamster Wirkstoff ist jedoch das Allicin, ein ätherisches Öl, das antibiotische Eigenschaften besitzt. Nicht zuletzt wegen des Knoblauchs gilt die mediterrane Küche als so gesund. Insbesondere Herz und Kreislauf werden durch den regelmäßigen Verzehr von Knoblauch gestärkt. Wird Knoblauch gegart, entsteht aus Allicin Ajoen, das blutverdünnend wirkt und so Gefäßablagerungen vorbeugen kann.

Gegrillter Thunfischsalat
MIT ZWEIERLEI BOHNEN

FÜR 2 PERSONEN

200 g grüne Buschbohnen

200 g breite oder schmale Wachsbohnen

4 Zweige frisches Bohnenkraut

Für das Dressing

1 kleine Schalotte (30 g)

2 ½ EL Rotweinessig

Meersalz, z.B. Fleur de Sel

schwarzer Pfeffer aus der Mühle

Zucker

2 EL Traubenkernöl

2 EL Olivenöl

½ Bund frischer Schnittlauch

3–4 Stängel glatte Petersilie

Für den Thunfisch

2 Thunfischsteaks (à 150 g, Sushi-Qualität)

1 EL Traubenkernöl

Außerdem

Grillpfanne

Zubereitungszeit: 30 Min.

Pro Portion:
635 kcal, E = 37 g, F = 49 g, KH = 13 g

1 Die Bohnen putzen, Enden abknipsen und schräg in etwa 4 cm lange Stücke schneiden. Beide Bohnensorten zusammen mit 3 Zweigen Bohnenkraut in einen Topf mit reichlich kochendem Salzwasser geben und je nach Sorte in etwa 15 Min. weich kochen. Die Bohnen in ein Sieb abgießen, eiskalt abschrecken und gut abtropfen lassen.

2 Für das Dressing die Schalotte abziehen und fein schneiden. Schalotte und Rotweinessig in eine kleine Schüssel geben, mit 2 Prisen Meersalz, schwarzem Pfeffer und 3 Prisen Zucker verrühren. 2 EL Traubenkernöl und Olivenöl einrühren.

3 Schnittlauch, Petersilie und das übrige Bohnenkraut waschen und trocken schütteln. Die Kräuter abzupfen und grob schneiden. Schnittlauch in feine Röllchen schneiden.

4 Thunfisch unter kaltem Wasser abbrausen, mit einem Küchenpapier trocken tupfen und von beiden Seiten mit Meersalz würzen. 1 EL Traubenkernöl in die heiße Grillpfanne geben, Thunfisch in das heiße Öl legen, 2 Min. grillen, wenden und noch 1 Min. weitergrillen. Den Thunfisch aus der Pfanne nehmen und in mundgerechte Würfel schneiden.

5 Bohnen, Kräuter und Thunfisch in eine Schüssel geben, mit dem Dressing begießen und gut durchmischen. Nochmals mit Salz und viel Pfeffer nachschmecken. Thunfischsalat auf Tellern anrichten und servieren.

TIPP DER KÜCHENCHEFIN Anstelle von frischem Thunfisch können Sie auch Lachs verwenden. Geben Sie beim Einkauf Produkten in Sushi-Qualität den Vorzug. Dieser Fisch lässt sich aufgrund seiner ausgezeichneten Qualität auch roh verzehren. Thunfisch und Lachs sollten bei dieser Zubereitung innen noch rosa sein.

DAS SAGT DIE MEDIZIN Bohnen zählen zu den wichtigsten pflanzlichen Eiweißlieferanten. Eiweiß in der Nahrung ist für junge Menschen in der Wachstumsphase und dann wieder in reiferem Alter von wachsender Bedeutung, da jetzt altersbedingt der Muskelabbau droht. Um die Muskelzellen zu erhalten sollte neben regelmäßigem Krafttraining eine eiweißbetonte Kost auf dem Speiseplan stehen. Pflanzliche Eiweißquellen wie Bohnen oder Sojabohnensprossen sind meist besser verträglich als manche Fleischsorten und eine gute Ergänzung zum Eiweiß aus Fisch (s. Seite 40). Überdies enthalten pflanzliche Eiweiße keine gesättigten Fettsäuren. Darüber hinaus sind Bohnen reich an Kohlenhydraten sowie den Mineralstoffen Kalium, Kalzium, Phosphor, Magnesium und den verjüngenden Vitaminen A, C und E sowie Vitaminen der B-Gruppe.

Saibling
MIT RETTICH UND LILA KARTOFFELSALAT

FÜR 2 PERSONEN

Für den Kartoffelsalat

250 g Salatkartoffeln, z. B. Moos-
sieglinde

250 g Trüffelkartoffeln (lila Kartoffeln)

Salz

1 TL Kümmelsamen

½ Zwiebel (50 g)

3 EL Traubenkernöl

½ Bund glatte Petersilie

100 ml Gemüsebrühe

2 EL Branntweinessig

1 TL mittelscharfer Senf

1 Prise Zucker

schwarzer Pfeffer aus der Mühle

Für den Saibling

100 g Rettich

½ Bund Schnittlauch

3 Saiblingsfilets mit Haut (à 100 g)

Meersalz, z.B. Fleur de Sel

einige Tropfen Zitronensaft

2 EL Traubenkernöl zum Braten

1 TL Butter

Zubereitungszeit: 45 Min.

Pro Portion:
535 kcal, E = 35 g, F = 30 g, KH = 33 g

1 Die beiden Kartoffelsorten gründlich waschen, in reichlich Salzwasser geben, Kümmel einstreuen und aufkochen lassen. Abgedeckt in 25–30 Min. weich kochen. Die Kartoffeln abgießen, etwas abkühlen lassen, schälen und in nicht zu dünne Scheiben schneiden – sonst zerfallen die Kartoffelscheiben beim Mischen zu stark.

2 In der Zwischenzeit die Zwiebel abziehen und fein würfeln. 1 EL Traubenkernöl in einer Pfanne erhitzen, Zwiebel darin in 3 Min. glasig dünsten und zu den Kartoffeln geben.

3 Die Petersilie waschen, trocken schütteln, Blätter abzupfen und grob schneiden. Gemüsebrühe, Essig, Senf, Zucker, 2 Prisen Salz und Pfeffer in ein hohes Gefäß geben und mit dem elektrischen Pürierstab mixen. Die Mischung über die heißen Kartoffelscheiben geben und etwa 5 Min. ziehen lassen. Nochmals mit Salz und Pfeffer abschmecken, mit 2 EL Traubenkernöl beträufeln, Petersilie dazugeben und vorsichtig mischen.

4 Den Rettich schälen und in dünne Scheiben schneiden. Schnittlauch waschen, trocken schütteln, einige Spitzen zur Dekoration beiseitelegen und die übrigen Halme in feine Röllchen schneiden.

5 Die Fischfilets unter kaltem Wasser abbrausen, mit einem Küchenpapier trocken tupfen und evtl. Mittelgräten mit einer Pinzette herausziehen. Nur die Fleischseiten mit Meersalz würzen und mit ein paar Tropfen Zitronensaft beträufeln. 2 EL Traubenkernöl in einer großen Pfanne erhitzen, Fischfilets mit der Hautseite nach unten in das heiße Öl legen, 2 Min. bei mittlerer Hitze kross braten, Fischfilets wenden, Pfanne vom Herd nehmen und weitere 2 Min. in der Restwärme ziehen lassen.

6 Die Butter in einer zweiten Pfanne aufschäumen lassen, Rettichscheiben hineingeben und 1 Min. bei mittlerer Hitze braten. Den Rettich leicht salzen und mit Schnittlauch bestreuen. Ein Fischfilet halbieren. Jeweils 1½ Fischfilets mit dem Rettich und dem lila Kartoffelsalat auf vorgewärmten Tellern anrichten. Mit schwarzem Pfeffer aus der Mühle bestreuen, dem übrigen Schnittlauch garnieren und sofort servieren.

DAS SAGT DIE MEDIZIN Saibling ist ein forellenähnlicher Süßwasserfisch und liefert wertvolle Omega-3-Fettsäuren, die altersbedingten Erkrankungen vorbeugen können.

Mehrkorn-Pflanzerl
MIT ARTISCHOCKEN UND PAPRIKA

FÜR 2 PERSONEN

Für die Pflanzerl

1 EL Olivenöl

60 g gemischter Getreideschrot, z.B.
aus Weizen, Roggen, Hirse, Gerste,
Hafer, Buchweizen (Reformhaus)

150 ml Gemüsebrühe

100 g gelbe Zucchini

2 Stangen Frühlingszwiebeln (40 g)

2 dünne Scheiben Knoblauch

80 g Magerquark

1 Ei (Größe M)

Salz

schwarzer Pfeffer aus der Mühle

Für das Gemüse

je 1 rote und gelbe Paprikaschote
(à 200 g)

2 große Artischocken (à 300 g)

5 EL Olivenöl zum Braten

Meersalz, z.B. Fleur de Sel

2–3 Zweige Thymian

1 kleiner Zweig Rosmarin

1 kleine Knoblauchzehe, angedrückt
und geschält

1 Prise Anissamen

Außerdem

Gemüsehobel

Zubereitungszeit: 45–50 Min.

Pro Portion:
505 kcal, E = 16 g, F = 34 g, KH = 33 g

1 Das Olivenöl in einem kleinen beschichteten Topf (18 cm Ø) erhitzen, Getreideschrot dazugeben und 1 Min. bei mittlerer Hitze rösten. Mit einem Schuss Gemüsebrühe ablösen, Hitze reduzieren und den Getreidebrei in 10 Min. unter ständigem Rühren garen. Nach und nach Gemüsebrühe dazugießen. Den Getreidebrei in eine Schüssel umfüllen und abkühlen lassen.

2 Die Zucchini waschen, putzen, die Enden abschneiden und mit einem Gemüsehobel grob raspeln. Frühlingszwiebeln waschen, putzen, Wurzel entfernen und in feine Röllchen schneiden. Knoblauch fein hacken. Den abgekühlten Getreidebrei mit Zucchini, Frühlingszwiebeln, Knoblauch, Quark und Ei verrühren und mit Salz und Pfeffer abschmecken. Bis zur Weiterverwendung beiseitestellen.

3 Die Paprikaschoten waschen, putzen, mit einem Sparschäler schälen, halbieren, entkernen, Samenwände entfernen und in mundgerechte Stücke schneiden. Bei den Artischocken die Stiele herausbrechen. Rund ⅔ der oberen Blätter mit dem Sägemesser abschneiden. Auch die übrigen Blätter um den Blütenboden und das so genannte Heu mit einem kleinen Löffel entfernen. Die Artischockenböden halbieren und in ½ cm dicke Scheiben schneiden. Kräuter waschen, trocken schütteln und einige Spitzen zur Dekoration beiseite legen.

4 In einer großen Pfanne 3 EL Olivenöl erhitzen und die Artischocken 1 Min. darin braten. Gleich mit etwas Meersalz würzen, Paprika, Kräuterzweige und Knoblauchzehe dazugeben und 6 Min. unter ständigem Rühren braten. Das Gemüse mit Meersalz, Pfeffer und Anissamen abschmecken.

5 Das restliche Olivenöl in einer zweiten Pfanne erhitzen. Von der Getreidemasse 1 EL pro Pflanzerl abstechen (ergibt 6 Stück), in das heiße Öl geben und 8–9 Min. bei geringer Hitze braten. Vorsichtig wenden und weitere 7 Min. braten. Das Artischockengemüse nochmals aufkochen lassen und mit den Mehrkorn-Pflanzerln auf vorgewärmten Tellern anrichten. Mit den beiseitegelegten Kräutern garnieren und servieren.

DAS SAGT DIE MEDIZIN Der in der Artischocke enthaltene Bitterstoff Cynarin regt den Leber- und Gallenstoffwechsel an. Auch eine cholesterinsenkende und blutreinigende Wirkung wird dem feinen Gemüse zugeschrieben, wodurch die Blutgefäße entlastet werden. Im Jahr 2003 wurde die Artischocke zur Arzneipflanze des Jahres gewählt.

Fenchelrisotto
MIT RINGELBLUMEN

FÜR 2 PERSONEN

Für das Risotto

½ Zwiebel (40 g)

2 EL Olivenöl

130 g Risottoreis, z.B. Carnaroli-Rundkornreis

50 ml trockener Weißwein

500 ml Gemüsebrühe

1 große Ringelblume

2–3 Stängel glatte Petersilie

1 EL kalte Butter

20 g geriebener Parmesan

Meersalz, z.B. Fleur de Sel

schwarzer Pfeffer aus der Mühle

Für den Fenchel

½ Fenchelknolle mit Grün (200 g)

1 EL Olivenöl zum Braten

Zubereitungszeit: 30 Min.

Pro Portion:
490 kcal, E = 12 g, F = 23 g, KH = 55 g

1 Die Zwiebel abziehen und in feine Würfel schneiden. Das Olivenöl in einem kleinen Topf (20 cm ∅) erhitzen. Zwiebeln darin in 1 Min. glasig dünsten. Reis dazugeben, weitere 2 Min. bei mittlerer Hitze dünsten, mit Weißwein ablöschen und einkochen lassen. Jetzt immer nur so viel heiße Gemüsebrühe zugießen, bis der Reis gerade eben bedeckt ist. Den Risotto unter Rühren etwa 20 Min. bei geringer Hitze köcheln lassen. Dabei nach und nach die restliche Brühe dazugießen.

2 Die Blütenblätter der Ringelblume abzupfen und etwa 5 Min. vor Garzeitende zum Risotto geben. Dabei sollten die Reiskörner nicht zu weich sein und noch einen leichten Biss haben. Je nach Qualität der Reissorte und der Hitze kann sich die Garzeit um einige Min. verkürzen bzw. verlängern.

3 Die Petersilie waschen, trocken schütteln und die Blätter abzupfen. Einige schöne Blättchen zur Dekoration beiseitelegen und den Rest grob schneiden. Butter in kleine Würfel schneiden und wieder kalt stellen.

4 Den Fenchel waschen, putzen und den Strunk entfernen. Fenchelgrün in kaltes Wasser legen. Den Fenchel in ½ cm große Würfel schneiden. 1 EL Olivenöl in einer großen Pfanne erhitzen, Fenchel hineingeben, gleich mit 1 Prise Meersalz würzen und etwa 4 Min. bei schwacher Hitze unter Rühren weich garen.

5 Kurz vor dem Servieren den Fenchel, die Petersilie, den Parmesan und die kalten Butterwürfel in das Risotto rühren. Mit Meersalz und Pfeffer abschmecken. Das cremige Risotto auf vorgewärmten Tellern anrichten. Abgetropftes Fenchelgrün und Petersilienblättchen darüber zupfen und sofort servieren.

TIPP DER KÜCHENCHEFIN Ringelblumen sind in der Natur- und Volksheilkunde fester Bestandteil vieler Arzneien. Dabei besitzen die feinen Blättchen einen sehr frischen und angenehmen Geschmack, weshalb sie sich auch in der Küche hervorragend machen.

DAS SAGT DIE MEDIZIN Die Fenchelknolle ist reich an Vitaminen und Mineralstoffen, wobei insbesondere Kalium und Kalzium hervorzuheben sind. So deckt eine Portion Fenchel à 200 g schon nahezu ein Viertel des Tagesbedarfs eines Erwachsenen an Kalzium. Reichlich vorhanden sind auch die Vitamine C, A und E. Seine Fülle an Ballaststoffen in Kombination mit den ätherischen Ölen Anethol und Fenchon macht Fenchel zum idealen Heilgemüse. Es kann die Verdauungsfunktionen harmonisieren, wirkt günstig auf den Stoffwechsel und somit verjüngend.

Rinderfilet
MIT PFIFFERLINGEN UND LAUCH

FÜR 2 PERSONEN

2 Stück Rinderfilet (à 200 g)

2–3 Zweige Thymian

Meersalz, z.B. Fleur de Sel

schwarzer Pfeffer aus der Mühle

1 gestrichener TL mittelscharfer Senf

1 gestrichener TL grobkörniger Senf

1 EL Olivenöl zum Anbraten

Für das Gemüse

300 g Pfifferlinge

100 g Lauch

1 kleine Knoblauchzehe

1 EL Olivenöl

1 EL Butter

4–6 Stängel glatte Petersilie

1 Prise gemahlener Kümmel

Außerdem

Küchengarn zum Binden

Zubereitungszeit: 45 Min.

Pro Portion:
405 kcal, E = 46 g, F = 23 g, KH = 3 g

1   Den Backofen auf 100 °C (Ober- und Unterhitze) vorheizen. Das Fleisch kalt abbrausen, trocken tupfen und evtl. von Sehnen befreien. Rinderfilet mit der breiten Oberfläche auf ein Küchenbrett legen, etwas flach drücken und mit Küchengarn so binden, dass das Fleisch beim Braten in Form bleibt.

2   Thymian waschen und trocken schütteln. Die Filetstücke mit Meersalz und Pfeffer würzen und mit je ½ TL der beiden Senfsorten ringsherum bestreichen. Das Olivenöl in einer kleinen Pfanne erhitzen und das Fleisch darin 1 Min. braten, wenden und 2 Min. weiterbraten. Dabei die Filetstücke auch in der Pfanne aufstellen. Das Fleisch auf ein Ofengitter legen (Mitte) und ein Backblech als Tropfschutz darunter schieben. Mit 1–2 Thymianzweigen belegen und in 40 Min. rosa garen.

3   Inzwischen die Pfifferlinge putzen, evtl. kurz kalt abbrausen und in ein Sieb geben. Zusätzlich auf einem Küchenpapier abtropfen lassen: Die Pfifferlinge sollten vor dem Braten trocken sein. Größere Exemplare halbieren oder vierteln. Den Lauch putzen, der Länge nach halbieren, gründlich – auch zwischen den Schichten – waschen und schräg in 1 cm dicke Stücke schneiden. Knoblauch abziehen und in grobe Scheiben schneiden.

4   Olivenöl und Butter in einer großen Pfanne erhitzen. Pfifferlinge und Knoblauch hineingeben und 1 Min. bei starker Hitze anbraten. Gleich mit 1 Prise Meersalz würzen. Den Lauch dazugeben, gut durchrühren und etwa 10 Min. bei mittlerer Hitze weiter braten. Dabei die Pfanne mehrmals schwenken. Nach etwa 10 Min. ist die Flüssigkeit eingekocht, die Pfifferlinge sind geröstet und der Lauch schön weich.

5   Die Petersilie waschen, trocken schütteln, abzupfen und grob schneiden. Das Gemüse mit Salz, Pfeffer und Kümmel abschmecken und mit Petersilie verfeinern.

6   Das Rinderfilet aus dem Ofen nehmen, Küchengarn entfernen und in Scheiben schneiden. Gemüse mit dem Filet auf vorgewärmten Tellern anrichten und dem übrigen Thymian garnieren. Die Schnittflächen noch mit etwas Meersalz und frisch gemahlenem groben Pfeffer bestreuen und servieren.

TIPP DER KÜCHENCHEFIN   Die Kerntemperatur eines rosa gebratenen Rinderfilets beträgt etwa 58 °C. Diese lässt sich am besten mit einem Bratenthermometer messen. Dazu ein Thermometer in eines der Fleischstücke stechen. Auf diese Weise haben Sie die Kerntemperatur während des Garvorgangs immer im Blick.

Gebratene Lammscheiben
MIT OFENGEMÜSE

FÜR 2 PERSONEN

Für das Ofengemüse

160 g Zwiebeln

500 g Kartoffeln, festkochend

2 Knoblauchzehen

1 kleiner Zweig Rosmarin

3–4 Zweige Thymian

Meersalz, z.B. Fleur de Sel

schwarzer Pfeffer aus der Mühle

1 Prise getrocknete Chiliflocken

5 EL Olivenöl

150 g Kirschtomaten

Für die Lammscheiben

350 g ausgelöster Lammrücken

1 kleine Knoblauchzehe

Außerdem

1 Gefrierbeutel

Fleischklopfer

Zubereitungszeit: etwa 1 Std.

Pro Portion:
605 kcal, E = 42 g, F = 31 g, KH = 39 g

1 Den Backofen auf 170 °C (Umluft) vorheizen.

2 Zwiebeln abziehen und in ½ cm dicke Scheiben schneiden. Die Kartoffeln gründlich waschen, schälen und in 1 cm dicke Scheiben schneiden. Knoblauchzehen mit der Handinnenfläche andrücken, schälen und halbieren. Die Kräuter waschen und trocken schütteln. Einige Nadeln Rosmarin abzupfen und grob schneiden. Von 1–2 Zweigen Thymian die Blätter abzupfen, die übrigen Zweige beiseitelegen.

3 Zwiebeln, Kartoffeln und Knoblauch in eine ofenfeste Form geben, mit den Kräutern, 2 Prisen Meersalz, Pfeffer und Chiliflocken bestreuen. Mit 3 EL Olivenöl beträufeln, durchmischen und im Backofen etwa 30 Min. garen. Die Kirschtomaten waschen, nach etwa 30 Min. zu den Kartoffeln geben und alles weitere 20 Min. garen.

4 Inzwischen das Lammfleisch kalt abbrausen, mit Küchenpapier trocken tupfen, evtl. von Sehnen befreien und in etwa 40 g schwere Stücke schneiden. Den Gefrierbeutel an den beiden Längsseiten aufschneiden. Die Lammstücke mit der breiten Oberfläche nach oben in den aufgeklappten Gefrierbeutel geben, abdecken und mit einem Fleischklopfer möglichst dünn klopfen. Die anderen Lammfleischscheiben ebenfalls auf diese Weise flach klopfen.

5 Die Knoblauchzehe in der Schale andrücken. 2 EL Olivenöl in einer großen Pfanne erhitzen, Knoblauch und 1 Zweig Thymian ins Öl geben. Lammscheiben hineinlegen und in der Pfanne mit Meersalz und Pfeffer würzen. 1 Min. bei mittlerer Hitze braten, wenden und noch 1 Min. braten. Pfanne vom Herd nehmen und noch 1 Min. ziehen lassen.

6 Das Gemüse aus dem Ofen nehmen und auf vorgewärmten Tellern zusammen mit dem Fleisch anrichten. Alles mit den beiseitegelegten Kräutern garnieren. Fleisch und Gemüse nach Geschmack noch mit Meersalz und frisch gemahlenem Pfeffer bestreuen und servieren.

DAS SAGT DIE MEDIZIN Lamm ist hinsichtlich seiner positiven Wirkung auf den Stoffwechsel so wertvoll, da es viele Vitamine, Mineralstoffe und Eiweiß enthält. Bereits 100 g Lammfleisch decken den Tagesbedarf eines Erwachsenen an Vitamin B_{12} und liefert 18 g Eiweiß. Seine Fettzusammensetzung ist deshalb so günstig, da Lämmer in der Regel Weidetiere sind. Die artgerechte Haltung bewirkt einen höheren Anteil an wertvollen Omega-3-Fettsäuren im Fleisch als bei Stalltieren.

Melonen-Tomaten-Granité
MIT OLIVENÖL

FÜR 2–4 PERSONEN

400 g reife, aromatische Wassermelone (geschält 300 g)

1 reife Tomate (120 g)

1 EL Puderzucker

einige Tropfen gutes Olivenöl

Zubereitungszeit: 10 Min.
Kühlzeit: 12 Std.

Pro Portion:
60 kcal, E = 1 g, F = 3 g, KH = 9 g

1 Die dicke Schale der Wassermelone entfernen und die Kerne
herauslösen. Das Fruchtfleisch in grobe Stücke schneiden und in
ein hohes Gefäß geben. Die Tomate waschen, den Stielansatz
entfernen und grob zerkleinern. Tomate und Puderzucker zu der
Wassermelone geben und mit dem Pürierstab fein mixen.

2 Die »Melonensuppe« in eine flache Form gießen und über
Nacht tiefkühlen. Dabei die angefrorene Masse mit einer Gabel
oder einem Löffel auflockern.

3 Die Form etwa 20 Min. vor dem Servieren aus dem Tiefkühl-
fach holen und die gefrorene Melonen-Tomaten-Suppe mit
einem Esslöffel abschaben.

4 Das Granité portionsweise in Gläser verteilen, mit einigen
Tropfen Olivenöl beträufeln und sofort als extravagantes Dessert servieren.

DAS SAGT DIE MEDIZIN Aufgrund ihres hohen Wassergehalts sind Wassermelonen ein kalorienarmer Durstlöscher
im Sommer.

Kiwis und Orangen
AM STIEL

FÜR 8 EISBEHÄLTER

Kiwi am Stiel

4 reife Kiwis

2 EL Honig

1 TL Olivenöl

Orangen am Stiel

4 Orangen (ergibt etwa 300 ml Saft)

1–2 EL Honig, je nach Süße der
Orangen

Außerdem

Eisbehälter für Stieleis (Haushalts-
warengeschäft)

Zubereitungszeit: 5 Min.
Kühlzeit: über Nacht

Pro Portion:
45 kcal, E = 0 g, F = 1 g, KH = 8 g

1 Die Kiwis schälen, in grobe Stücke schneiden, mit dem Honig
in ein hohes Gefäß geben und mit dem Pürierstab fein mixen.
Das Olivenöl einrühren.

2 Die Orangen halbieren, Saft auspressen und nach Belieben
mit dem Honig verrühren.

3 Beide Fruchtmischungen in die Eisbehälter füllen und über
Nacht gefrieren lassen.

4 Das Stieleis aus dem Gefrierfach nehmen, kurz in heißes
Wasser tauchen, herausnehmen und genießen.

TIPP DER KÜCHENCHEFIN Die beiden Eissorten sind eine
schnelle, vitaminreiche Erfrischung an heißen Sommerta-
gen und beliebt bei Groß und Klein.

Gebackener Quarkkuchen
MIT PFIRSICH UND HIMBEEREN

FÜR 2 PERSONEN

Für den Quarkkuchen

½ TL Backpulver

1 gestrichener EL Stärke (10 g)

1 TL Weichweizengrieß

½ Vanilleschote

1 Ei (Größe M)

40 g Zucker

30 g weiche Butter

250 g Magerquark

1 Msp. abgeriebene Bio-Zitronen-schale

etwas weiche Butter zum Bestrei-chen der Form

Für die Garnitur

½ Pfirsich (100 g)

80 g frische Himbeeren

etwas Puderzucker zum Bestäuben

Außerdem

1 kleine runde Springform (15 cm ø)

Zubereitungszeit: 10 Min.
Backzeit: 30 Min.

Pro Portion:
460 kcal, E = 21 g, F = 20 g, KH = 48 g

1 Den Backofen auf 170 °C (Umluft) vorheizen.

2 Backpulver, Stärke und Grieß in einer Schüssel miteinander mischen. Die Vanilleschote der Länge nach aufritzen und das Mark mit dem Messerrücken herausschaben. Ausgekratzte Vanilleschote für Vanillezucker oder Vanillesalz verwenden. Vanillemark, Ei, Zucker und Butter in eine zweite Schüssel geben und mit dem Handrührgerät in 3 Min. schaumig aufschla-gen. Quark, Zitronenschale und die Stärkemischung dazugeben. Alles noch einmal kräftig durchrühren.

3 Die Backform gut mit Butter bestreichen, die Quarkmasse einfüllen und etwas glatt streichen. Die Springform mehrmals auf die Arbeitsfläche klopfen, sodass alle Luftlöcher aus der Quarkmasse verschwinden. Die Backform auf ein Ofengitter (Mitte) in den Ofen stellen und in etwa 30 Min. goldbraun backen. Um herauszufinden, ob der Kuchen gar ist, einen Holz-spieß in die Mitte des Kuchens stecken. Haftet keine oder nur ganz wenig Quarkmasse daran, ist der Kuchen fertig.

4 Den Kuchen aus dem Ofen holen, auskühlen lassen, aus der Springform nehmen und auf einen Teller oder eine kleine Kuchenplatte heben.

5 Den Pfirsich in dünne Scheiben schneiden und die Himbee-ren verlesen. Den Quarkkuchen mit Pfirsichscheiben und Him-beeren belegen, mit Puderzucker bestäuben und servieren. Der Quarkkuchen »ohne Boden« schmeckt als Dessert oder nach-mittags zum Kaffee.

TIPP DER KÜCHENCHEFIN Der kleine Kuchen ist leicht zuzubereiten und ideal für 2 Personen. Sie können ihn auch schon einen Tag im Voraus backen.

DAS SAGT DIE MEDIZIN Beeren sind Wunderwerke der Natur hinsichtlich ihrer Wirkung auf Gesundheit und Vita-lität. Gut ausgereifte Himbeeren enthalten neben Aromastoffen und erfrischenden Fruchtsäuren auch Vitamine der B-Gruppe und Provitamin A. Darüber hinaus stecken eine Menge Mineralstoffe, vor allem Kalium, Phosphor, Kalzium, Eisen und Magnesium in den wohlschmeckenden Früchten. Himbeeren und deren Blätter wurden von amerikanischen Ureinwohnern traditionell als Heilmit-tel bei verschiedenen Beschwerden eingesetzt. Auch in Armenien ist die Himbeere seit langem als therapeutische Heilpflanze bekannt. In der Traditionellen Chinesischen Medizin wird die Bee-re als Anti-Aging-Mittel eingesetzt. Die Mechanismen sind noch wenig untersucht: Möglicherweise spielen Anthocyane und Ellag-säure eine Rolle, die als Antioxidanzien wirken.

GENUSSREZEPTE FÜR DEN

HERBST

...gesund und stärkend!

Wenn die Blätter fallen, das Wetter kühler wird und die Herbststürme ums Dach pfeifen, hat unser Körper viel damit zu tun, gesund zu bleiben und Infekte abzuwehren. Jetzt gilt es, das Immunsystem für die kommenden nass-kalten Monate zu stärken. Der Herbst deckt dazu reichlich den Tisch mit sonnengereiften Pflaumen, Äpfeln und Bir-nen, vitaminreichen Kohlsorten, Kürbissen, Kartoffeln, Nüssen und Pilzen.

Knusperbanane

MIT PFLAUMEN UND SCHWEDENMILCH

FÜR 2 PERSONEN

2 EL Akazienhonig

50 g zarte Vollkornflocken aus Hafer,
Weizen, Roggen, Gerste und Dinkel

2 Bananen

einige Tropfen frisch gepresster
Orangensaft

2 rote Pflaumen (à 80 g)

2 getrocknete Pflaumen (20 g)

300 ml Schwedenmilch (Reformhaus)

Außerdem

Backpapier

Nudelholz

Zubereitungszeit: 10 Min.

Pro Portion:
395 kcal, E = 10 g, F = 8 g, KH = 70 g

1 Den Honig bei geringer Hitze in einer Pfanne erwärmen. Die Flockenmischung einrühren und bei mittlerer Hitze etwa 5 Min. unter ständigem Rühren hellbraun rösten. Die gerösteten Flocken auf einem Stück Backpapier verteilen und auskühlen lassen. Mit einem zweiten Stück Papier abdecken. Dann mit dem Nudelholz einige Male über die Flocken rollen und sie auf diese Weise grob zerkleinern.

2 Die Bananen schälen, in mundgerechte Stücke schneiden und mit Orangensaft beträufeln. Die frischen Pflaumen waschen, halbieren, entkernen und in dünne Streifen schneiden. Die getrockneten Pflaumen in dünne Scheiben schneiden.

3 Die Schwedenmilch in zwei tiefe Teller oder Schälchen geben und ein paar geröstete Flocken darauf verteilen. Geschnittenes Obst dekorativ darauf anrichten, mit den restlichen Knusperflocken bestreuen und servieren.

TIPP DER KÜCHENCHEFIN Die Knusperflocken können Sie gut auf Vorrat herstellen und in einem verschließbaren Schraubglas oder einer Dose aufbewahren. Schwedenmilch ist eine besonders sämige, milde Sauermilch mit einem Fettgehalt von mindestens 3,8 %. Sie entsteht in einem Säuerungs- und Veredelungsprozess, den speziell gezüchtete Bakterienkulturen übernehmen. Dabei wird der Milchzucker in Milchsäure umgewandelt. Diese lässt das Milcheiweiß gerinnen und die Milch dickt ein.

DAS SAGT DIE MEDIZIN Bananen sind die besten Kaliumlieferanten unter den natürlichen Nahrungsmitteln: Kalium ist ein Elektrolyt, das für die Muskelfunktion gebraucht wird. Banane ist außerdem leicht bekömmlich, ein natürlicher und schneller Energielieferant und ideal für ältere Menschen.
Getrocknete Pflaumen bieten mit 18 g pro 100 g Ballaststoffen eine gute Quelle an komplexen Kohlenhydraten, die die Darmtätigkeit anregen. Sie helfen dabei, den Cholesterinspiegel zu regulieren und den Insulinspiegel zu senken. So bleiben wir bei niedrigem Blutzuckerspiegel länger satt. Für einen vitalen Stoffwechsel und eine gesunde Verdauung empfiehlt die Ernährungsmedizin einen Verzehr von 20–40 g Ballaststoffen täglich. Darüber hinaus stärkt der Genuss von Pflaumen auch Nerven und Immunsystem, denn das Kernobst ist reich an Provitamin A, fast allen B-Vitaminen und gesundheitsfördernden sekundären Pflanzeninhaltsstoffen. Die Schale von Pflaumen enthält Anthocyane, die der Frucht ihre Farbe geben und aufgrund ihrer antioxidativen Wirkung das Immunsystem sowie Herz und Kreislauf schützen. Andere Inhaltsstoffe, wie die Flavonoide Rutin und Quercetin, stärken ebenfalls die Abwehrkräfte und schützen vor Herz-Kreislauf-Erkrankungen.

Bircher Apfelmüsli

MIT MÖHREN UND ROSINEN

FÜR 2–3 PERSONEN

600 ml Milch (1,5 % Fett)

200 g gemischte ganze Flocken aus Hafer, Gerste, Weizen und Roggen

40 g Rosinen

30 g Haselnusskerne

1 Möhre (100 g)

1 roter Apfel (120 g)

1 EL Ahornsirup (Reformhaus)

100 g Naturjoghurt (3,5 % Fett)

Außerdem

Gemüsehobel oder Vierkantreibe

Zubereitungszeit: 10–15 Min.
Ruhezeit: über Nacht

Pro Portion:
400 kcal, E = 18 g, F = 14 g, KH = 52 g

1 Die Milch in einem Topf zum Kochen bringen, Flocken einrühren und noch ein Mal kurz aufkochen lassen. Rosinen dazugeben, durchrühren und die Mischung in eine Schüssel umfüllen. Die Flockenmilch etwas abkühlen lassen, abdecken und am besten über Nacht im Kühlschrank quellen lassen.

2 Die Haselnusskerne grob zerkleinern. Die Möhre und den Apfel waschen. Möhre schälen und mit dem Gemüsehobel fein reiben. Apfel mit Schale bis auf das Kerngehäuse mit Hilfe des Gemüsehobels oder der Vierkantreibe grob reiben.

3 Die aufgequollene Flockenmilch mit Möhren und Apfelraspeln, Nüssen, Ahornsirup und Joghurt verrühren. In Schälchen, tiefen Tellern oder Tassen anrichten und servieren.

TIPP DER KÜCHENCHEFIN Die Flockenmilch kann man für einige Tage auf Vorrat zubereiten. Sie lässt sich problemlos 2–3 Tage im Kühlschrank aufbewahren. So können Sie morgens das Obst untermischen, auf das Sie gerade Lust haben. Fein schmeckt anstatt des Apfels auch geriebene Birne.

DAS SAGT DIE MEDIZIN Möhre und Apfel sind eine kerngesunde Kombination: Die Möhre stellt mit einem Gehalt von 10–20 mg Gesamtcarotinoid pro 100 g eines der carotinreichsten Lebensmittel überhaupt dar. Die in dem Wurzelgemüse steckenden Inhaltsstoffe können in Vitamin A (Retinol) umgewandelt werden. Carotinoide, vor allem das Beta-Carotin, stärken das Immunsystem. Vitamin A ist wichtig für den Erhalt der Sehkraft und wirkt sich positiv auf die Hautgesundheit aus. Außerdem enthält die Möhre viel Eisen und Vitamin B_6: Eisen ist ein wichtiger Bestandteil des Bluts und Vitamin B_6 ein essenzieller Funktionsträger im Nerven- und Immunsystem.

Im Apfel stecken neben einer ganzen Reihe verjüngender Inhaltsstoffe Pektin. Dieser Faserstoff regt zusammen mit den Apfelsäuren die Darmtätigkeit an, unterstützt so die Verdauung und fördert die Bindung von Fetten und Cholesterin im Darm. Äpfel möglichst ungeschält verzehren und verarbeiten. Unter ihrer Schale verbergen sich 70 % der Vitamine und viele Spurenelemente wie Eisen und Magnesium. Auch sekundäre Pflanzenstoffe sind dort zu finden, etwa der Anti-Aging-Stoff Quercetin. Vor allem aufgrund ihres hohen Gehalts an sekundären Pflanzenstoffen wie Phenolsäuren und Flavonoiden, die als Radikalfänger wirken, sowie durch das Pektin kann der regelmäßige Genuss dieser Frucht Herzerkrankungen vorbeugen. Darüber hinaus können Äpfel aufgrund ihres günstigen Verhältnisses von Fruktose, Glukose und Saccharose (60:15:15 bei frischen Äpfeln) bedenkenlos von Diabetikern verzehrt werden.

Birnen-Zimt-Molke
MIT HOLUNDERSAFT

FÜR 2 PERSONEN

500 g reife, aromatische Birnen mit heller Schale (ergeben etwa 250 ml Saft)

einige Tropfen Zitronensaft

½ l Molke

1 Prise gemahlener Zimt

4 EL Holundersaft (Direktsaft aus dem Reformhaus)

Außerdem

elektrischer Entsafter

Zubereitungszeit: 5–8 Min.

Pro Portion:
95 kcal, E = 1 g, F = 1 g, KH = 23 g

1 Die Birnen waschen, vierteln und entkernen. Die Früchte in den elektrischen Entsafter geben und entsaften. Gleich mit ein paar Tropfen Zitronensaft verrühren. So bleibt der Birnensaft schön hell.

2 Die Molke mit Birnensaft und Zimt verrühren. Zum Schluss den Holundersaft einrühren. Die Mischung in Gläser füllen und sofort servieren.

TIPP DER KÜCHENCHEFIN Mit dem elektrischen Entsafter lassen sich auf die Schnelle qualitativ hochwertige, vitamin- und mineralstoffreiche Obst- und Gemüsesäfte herstellen. Lassen Sie bei der Kombination von Früchten und Gemüsesorten ihrer Fantasie freien Lauf. Zum Entsaften eignen sich z. B. Äpfel und Weintrauben aber auch Sellerie, Fenchel, Rote Bete, Möhren, Kohlrabi. Wenn Sie wenig Obst und Gemüse essen, sollten Frucht- oder Gemüsesäfte einen festen Platz in Ihrer Ernährung einnehmen.

DAS SAGT DIE MEDIZIN In der Antike und im Mittelalter galt der Holunder als wichtige Arzneipflanze. Hippokrates, Theophrast, Dioscurides und Plinius kannten ihre Wirkung und setzten sie als Heilmittel ein. Die Blätter und unreifen Früchte des Holunders enthalten allerdings das schwach giftige Sambunigrin, weshalb nur die vollreifen Beeren verzehrt werden sollten, die reich an Vitaminen (A und C) und Mineralien sind. Holunderblüten wirken schweißtreibend, fiebersenkend und schleimlösend. Der gekochte Holundersaft ist aus gesundheitlicher Sicht sehr empfehlenswert, da er insbesondere in Herbst und Winter in hervorragender Weise die körpereigenen Abwehrkräfte mobilisiert und verjüngend wirkt.

Molke wird auch Käsewasser, Sirte oder Schotte genannt. Die wässrige grünlich-gelbe Restflüssigkeit fällt bei der Käseherstellung an. Sie besteht zu 94 % aus Wasser, zu 4–5 % aus Milchzucker und ist so gut wie fettfrei. Zudem enthält sie Milchsäure, die Vitamine B_1, B_2 und B_6 sowie Kalium, Kalzium, Phosphor und 0,6–1 % Molkenprotein. Molke fördert den Verdauungsprozess, entlastet den Stoffwechsel und ist günstig zur Vorbeugung einer Osteoporose.

Zimt ist nicht nur als Gewürzpflanze bedeutsam. Neuere Studien zeigen, dass Zimt die Glukosewerte im Blut deutlich verbessern kann. Eine im Zimt enthaltene Polyphenolverbindung (Cinnamaldehyde) wirkt dabei ähnlich wie der Botenstoff Insulin und verstärkt die Aufnahme von Zucker (Glukose) in die Zellen. Zimt senkt auf diese Weise nachweislich den Blutzuckerspiegel, wirkt entzündungshemmend und reduziert die Blutfette. Somit kann der regelmäßige Genuss von Zimt in den empfohlenen Mengen (maximal 0,1 mg/kg Körpergewicht) den Stoffwechsel normalisieren und beispielsweise die Gefahr eines Diabetes verringern.

Kürbisaufstrich
MIT CHILI UND CRANBERRIES

ERGIBT ETWA 350 ML

500 g Kürbis, z.B. Hokkaido (ergibt geputzt etwa 280 g)

2 kleine Möhren (160 g)

1 kleine Zwiebel (50 g)

2 dünne Ingwerscheiben, geschält

2–3 Prisen getrocknete Chiliflocken

Meersalz, z.B. Fleur de Sel

schwarzer Pfeffer aus der Mühle

4 EL Olivenöl

50 g Fertignussmischung aus Mandeln, Cashew-, Para- und Haselnüssen mit Cranberries

1 EL Crème fraîche

einige Spritzer frisch gepresster Orangensaft

Außerdem

Alufolie

Zubereitungszeit: 15–20 Min.
Garzeit: 50 Min.

Pro Portion:
785 kcal, E = 12 g, F = 65 g, KH = 40 g

1 Den Backofen auf 180 °C (Umluft) vorheizen.

2 Den Kürbis entkernen, schälen und in 2 cm große Würfel schneiden. Die Möhren waschen, schälen und ebenfalls klein schneiden. Die Zwiebel abziehen, halbieren und in kleine Würfel schneiden. Kürbis, Möhren, Zwiebel und Ingwer in eine ofenfeste Form geben. Mit 2 Prisen Chiliflocken, 2 Prisen Meersalz und Pfeffer würzen. 3 EL Olivenöl darüberträufeln und alles leicht durchrühren. Die Form mit Alufolie abdecken, in den Ofen stellen (Mitte) und in etwa 50 Min. garen.

3 Inzwischen die Nüsse und Cranberries mit einem Messer grob hacken.

4 Die Form aus dem Ofen nehmen und die Mischung etwas abkühlen lassen. Den Ingwer herausnehmen, die restlichen Zutaten in ein hohes Gefäß geben, mit 1 EL Olivenöl beträufeln und mit dem Pürierstab fein mixen. Zum Schluss noch Crème fraîche, Orangensaft, gehackte Nüsse und Cranberries einrühren. Alles mit Meersalz, Pfeffer und Chili abschmecken.

5 Den Kürbisaufstrich z. B. auf ein Butterbrot streichen und als leckere vegetarische Alternative servieren.

TIPP DER KÜCHENCHEFIN Füllen Sie den Kürbisaufstrich in ein Einmachglas und »versiegeln« Sie ihn mit Olivenöl. Dazu geben Sie so viel Öl auf die Kürbismischung, bis die Oberfläche vollständig abgedeckt ist. So hält sich der Aufstrich über mehrere Tage im Kühlschrank.

DAS SAGT DIE MEDIZIN Das klassische gelborange Herbstgemüse wirkt aufgrund seines hohen Gehalts an Antioxidanzien (neben Vitamin A auch C und E) stärkend auf das Immunsystem. 100 g Kürbiskerne enthalten 30 mg Vitamin E. Nur in ungeschältem Leinsamen steckt noch mehr an diesem Anti-Aging-Vitamin. Kürbiskerne werden in der Naturheilmedizin vor allem bei Blasen- und Prostataleiden eingesetzt. Sie enthalten in konzentrierterer Form dieselben Stoffe, die im Fruchtfleisch stecken: Neben Vitamin E, Beta-Carotin und so genannte Phytosterine (pflanzliche Hormone). Diese wirken harntreibend, krampflösend und stärken die Blasenmuskulatur. Eine Diät mit Kürbisfruchtfleisch gilt im Gegensatz zu anderen Diäten als gesundheitlich unbedenklich. Schließlich enthält die Frucht reichlich Vitamine und Mineralstoffe und besitzt aufgrund ihres hohen Wassergehalts kaum Kalorien: Der Nährwert von 100 g Fruchtfleisch liegt bei etwa 6 kcal. Der regelmäßige Verzehr von Kürbis ist empfehlenswert bei Magen- und Darmerkrankungen sowie Herz- und Nierenleiden. Seine Heilwirkung beruht auf dem hohen Anteil an Kalium und Magnesium, der zur Remineralisierung des Organismus beiträgt.

Gebratene Steinpilze

MIT PARMESAN UND PETERSILIENÖL

FÜR 2 PERSONEN

400 g Steinpilze

1 kleine Knoblauchzehe

½ Bund glatte Petersilie

7 EL Olivenöl

30 g Parmesan

Meersalz, z.B. Fleur de Sel

schwarzer Pfeffer aus der Mühle

Außerdem

Trüffel- oder Gemüsehobel

Zubereitungszeit: 15–20 Min.

Pro Portion:
405 kcal, E = 10 g, F = 39 g, KH = 2 g

1 Die Steinpilze putzen und, falls nötig, mit einem feuchten Tuch vorsichtig abreiben. Den Sand bzw. die Schmutzreste an den Stielen mit einem kleinen Messer oder einer Bürste abschaben. Die Steinpilze in dicke Scheiben schneiden.

2 Den Knoblauch abziehen und fein würfeln. Die Petersilie waschen, trocken schütteln und die Blätter abzupfen. Einige schöne zur Dekoration beiseitelegen. Die übrige Petersilie grob schneiden und mit 4 EL Olivenöl in ein hohes Gefäß geben. Mit dem Pürierstab möglichst rasch fein mixen.

3 Den Parmesan mit einem Trüffel-, Gemüsehobel oder einem Sparschäler zu feinen Spänen hobeln.

4 Das restliche Olivenöl in einer großen Pfanne erhitzen. Steinpilze in das heiße Öl geben, alles gleich mit 1 Prise Meersalz würzen und bei mittlerer Hitze in etwa 3 Min. rösten. Den klein geschnittenen Knoblauch dazugeben, noch 1 Min. weiterbraten und mit reichlich Pfeffer würzen.

5 Die Steinpilze auf vorgewärmten Tellern anrichten. Mit Petersilienöl beträufeln und Parmesanspänen bestreuen. Mit den restlichen Petersilienblättern garnieren und servieren. Dieses Gericht ist eine herrliche Vorspeise bzw. ein feines Zwischengericht und wird am besten ganz pur mit Weißbrot serviert.

TIPP DER KÜCHENCHEFIN Steinpilze bewahren Sie am besten in einem Küchentuch oder einer Papiertüte im Kühlschrank auf.

DAS SAGT DIE MEDIZIN Aufgrund seines ausgezeichneten, nussartigen Geschmacks gilt der Steinpilz als König der Pilze. Speisepilze enthalten fast 90 % Wasser, etwa 4 g Eiweiß und nur geringe Mengen Fett. Steinpilze besitzen nach den Trüffeln die meisten Kalorien unter den Pilzen, was an ihrem hohen Eiweißgehalt liegt. Für Vegetarier sind Steinpilzgerichte wichtige Lieferanten von pflanzlichem Eiweiß (Protein). Ihr Ballaststoffgehalt ist mit 6 g pro 100 g Pilze ebenfalls hoch. Augrund ihres äußerst geringen Anteils an Glukose und Mannit eignen sich Pilze auch als Diabetikerkost. Bemerkenswert ist außerdem der Gehalt an Ergosterin, einer Vorstufe von Vitamin D. Dieses Vitamin ist zusammen mit Kalzium Voraussetzung für einen stabilen Knochenaufbau, das heißt, es beugt der Gefahr der altersbedingten Osteoporose vor. Petersilie wirkt durch ihren hohen Vitamin-C-Gehalt belebend. Das Kraut enthält außerdem ätherische Öle (Apiol und Myristicin), Apigenin, Vitamin A sowie Kalzium, Kalium und Eisen. In größeren Mengen wirkt das Kraut harntreibend und verdauungsanregend. Apigenin ist ein Antioxidanz mit verjüngenden Eigenschaften.

Erbseneintopf
MIT KÜRBIS UND FRISCHEM MAJORAN

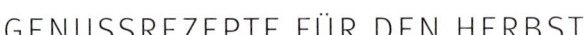

FÜR 2 PERSONEN

500 g Muskatkürbis (ergibt geputzt etwa 380 g)

100 g Zwiebeln

1 TL Butter

150 g getrocknete grüne Schälerbsen

800 ml Gemüsebrühe

1 Scheibe geräucherter Bauchspeck am Stück (80 g)

2 Zweige frischer Majoran

Salz

schwarzer Pfeffer aus der Mühle

evtl. Aceto balsamico (siehe Variante)

Zubereitungszeit: 15 Min.
Garzeit: etwa 1 Std. 10 Min.

Pro Portion:
555 kcal, E = 25 g, F = 31 g, KH = 44 g

1 Die grobe Schale des Muskatkürbis großzügig abschneiden. Kürbis entkernen und in etwa 1 cm große Würfel schneiden

2 Zwiebeln abziehen und in feine Würfel schneiden. Die Butter in einem Topf (24 cm ∅) erhitzen, Zwiebeln dazugeben und in etwa 2 Min. glasig dünsten. Die Erbsen in den Topf geben, kurz durchrühren, etwa die Hälfte der Gemüsebrühe dazugießen und aufkochen lassen. Den Speck in der Mitte halbieren, die beiden Stücke zu den Erbsen geben, den Topf abdecken und bei geringer Hitze etwa 50 Min. köcheln lassen. Dabei immer wieder umrühren und nach und nach die restliche Brühe dazugießen. Zum Schluss die Kürbiswürfel in den Topf geben und den Eintopf weitere 15 Min. offen bei geringer Hitze garen.

3 Den Majoran waschen, trocken schütteln, Blätter abzupfen und grob schneiden. Den Erbseneintopf mit Salz und reichlich schwarzem Pfeffer abschmecken, mit Majoran verfeinern. Den Eintopf mit dem Bauchspeck in vorgewärmten tiefen Tellern oder Schalen anrichten und servieren.

VARIANTE Sie können das Gericht vor dem Servieren noch mit ein paar Tropfen altem Aceto balsamico beträufeln. Der säuerliche Geschmack passt hervorragend zu den Aromen des Erbseneintopfs.

TIPP DER KÜCHENCHEFIN Die Schälerbsen müssen nicht in Wasser eingeweicht werden. Der Bauchspeck ist nach der oben angegebenen Garzeit butterweich. Wer auf die Fleischbeigabe verzichten möchte, kann auch ein Stück Speckschwarte mitkochen und diese dann vor dem Servieren entfernen.

DAS SAGT DIE MEDIZIN Erbsen gehören zu den ältesten Nutzpflanzen und besitzen im Vergleich zu den anderen Hülsenfrüchten mit den höchsten Eiweißgehalt. Erbsen werden in drei Arten angeboten: die Pal- oder Schälerbsen schmecken leicht mehlig, die Markerbsen sind eher süßlich und die zarten Zuckererbsen kann man mit Schale verzehren. Die ausgereiften, getrockneten Erbsen besitzen einen wesentlich höheren Eiweiß- (23 %) und Kohlenhydratgehalt (41 %) als die grünen Samen (7 % Eiweiß und 12 % Kohlenhydrate). Erbsen liefern darüber hinaus viel Vitamin B_1, entgiftende Ballaststoffe, Eisen, Zink, Kalium und Magnesium. Zudem stellen Erbsen eine wertvolle Hirnnahrung dar: Sie fördern die Konzentrationsfähigkeit, da die Nervenzellen in erster Linie Glukose und B-Vitamine benötigen. Erbsen gehören zu den gehaltvollsten pflanzlichen Lebensmitteln und sind so wichtige Vitalstofflieferanten für reifere Menschen.

Geflügelsalat
MIT CHINAKOHL UND WEINTRAUBEN

FÜR 2 PERSONEN

2 Hühnerkeulen mit Knochen
(à 280 g)

Salz

schwarzer Pfeffer aus der Mühle

2 EL Pflanzenöl

1 Bund Suppengrün aus Lauch,
Petersilienstängel, Möhre und
Knollensellerie

1 Tomate

1 kleine Knoblauchzehe

5 Wacholderbeeren

½ TL schwarze Pfefferkörner

5 Pimentkörner

1 Lorbeerblatt

Für den Salat

40 g Walnusskerne

300 g Chinakohl

100 g blaue Weintrauben

1 Orange

2 EL Crème fraîche

2 EL Naturjoghurt (1,5 % Fett)

einige Spritzer Zitronensaft

2 Prisen Zucker

Zubereitungszeit: 25–30 Min.
Garzeit: 1 Std. 20 Min.

Pro Portion:
555 kcal, E = 58 g, F = 27 g, KH = 20 g

1 Die Hühnerkeulen unter kaltem Wasser abbrausen, mit einem Küchenpapier trocken tupfen und mit Salz und Pfeffer würzen. Das Pflanzenöl in einer Pfanne erhitzen, Hühnerkeulen hineinlegen und von beiden Seiten in insgesamt 3 Min. goldbraun anbraten.

2 In einen hohen Topf (20 cm ∅) 1½ l kaltes Wasser geben, Hühnerkeulen hineingeben und zum Kochen bringen. Das Suppengemüse waschen und putzen: Lauch und Petersilienstängel im Ganzen verwenden, Möhre und Sellerie schälen und in grobe Stücke schneiden. Die Tomate halbieren. Knoblauch in der Schale andrücken. Nach dem Aufkochen die Brühe bei geringer Hitze etwa 30 Min. köcheln lassen. Den dabei auftretenden Schaum mit einer Schaumkelle abschöpfen. Das Suppengrün, Tomate, Knoblauch, Gewürze und Lorbeer dazugeben und alles weitere 45 Min. garen.

3 In der Zwischenzeit die Walnusskerne grob hacken. Den Chinakohl vom Strunk befreien und in feine Streifen schneiden. Die Trauben waschen, halbieren und falls nötig entkernen. Die Orange mit einem scharfen Messer so schälen, dass auch die weiße Haut mit entfernt wird. Die einzelnen Filets zwischen den Trennhäuten herausschneiden. Den Saft (etwa 30 ml) auffangen und beiseitestellen.

4 Crème fraîche, Joghurt, Orangensaft und einige Spritzer Zitronensaft verrühren. Mit Salz, Pfeffer und 2 Prisen Zucker kräftig abschmecken.

5 Die Hühnerkeulen aus der heißen Brühe nehmen und etwas auskühlen lassen. Die Haut entfernen, Fleisch vom Knochen lösen und in mundgerechte Stücke zupfen. Chinakohl und Orangenfilets mit dem Dressing mischen und evtl. mit Salz und Pfeffer abschmecken. Zum Schluss das Hühnerfleisch daruntermischen. Den Salat auf Tellern oder in Schalen anrichten, mit Trauben und Walnüssen bestreuen und servieren.

DAS SAGT DIE MEDIZIN Schon vor hundert Jahren galt die Walnuss als wertvolles Heil- und Nahrungsmittel für Menschen mit Gichtleiden oder Nierenbeschwerden. Ihr Proteingehalt entspricht mit 15 % nicht nur dem von Fleisch. Es handelt sich dabei zugleich um ein für den Körper sehr gut verwertbares Protein. Weiterhin enthält die Walnuss B-Vitamine, die Nerven und Psyche kräftigen und dazu beitragen, dass Haut und Haar jung bleiben. Zudem sorgt der Melatoningehalt der Nüsse dafür, dass insbesondere Altersbeschwerden gemildert werden, denn Melatonin ist ein wichtiges Antioxidanz.

Kalbfleisch-Tofu-Burger
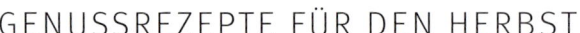
MIT GETROCKNETEN TOMATEN

FÜR 6 BURGER (2–3 PERSONEN)

150 g Tofu zum Braten (Reformhaus oder Asiamarkt)

1 Stange Frühlingszwiebel (20 g)

4 getrocknete Tomaten in Öl (30 g)

1 kleine Knoblauchzehe

1–2 kleine Salbeiblätter, gewaschen und trocken getupft

150 g Kalbshackfleisch

1 Ei (Größe M)

1 Msp. abgeriebene Bio-Zitronen-schale

1 TL mittelscharfer Senf

Meersalz, z.B. Fleur de Sel

schwarzer Pfeffer aus der Mühle

1–2 Prisen getrocknete Chiliflocken

2–3 EL Olivenöl zum Braten

Für das Gemüse

2 Tomaten (à 100 g)

1 Zucchino (220 g)

2 Zweige Thymian

2 EL Olivenöl

1 kleine Knoblauchzehe, in der Schale angedrückt

Für die schnelle Sauce

1 EL Naturjoghurt (1,5 % Fett)

1 EL Crème fraîche

1 Stängel Basilikum

1–2 Stängel glatte Petersilie

Außerdem

Kartoffelpresse

Zubereitungszeit: 40 Min.

Pro Portion (Burger):
180 kcal, E = 10 g, F = 13 g, KH = 4 g

1 Den Tofu aus der Lake nehmen, kalt abbrausen, mit einem Küchenpapier trocken tupfen und durch die Kartoffelpresse in eine Schüssel drücken.

2 Die Frühlingszwiebel waschen, putzen, der Länge nach halbieren und fein schneiden. Getrocknete Tomaten in kleine Würfel schneiden. Den Knoblauch abziehen und fein würfeln. Die Salbeiblätter fein schneiden. Tofu mit Frühlingszwiebeln, Tomaten, Knoblauch, Salbei, Hackfleisch, Ei, Zitronenschale und Senf verrühren und mit Meersalz, Pfeffer sowie Chiliflocken kräftig abschmecken.

3 Tomaten und Zucchino waschen. Tomaten vom Stielansatz befreien und in dicke Scheiben schneiden. Den Zucchino der Länge nach halbieren und schräg in etwa ½ cm dicke Scheiben schneiden. Thymian waschen und trocken schütteln.

4 In einer Schüssel den Joghurt mit der Crème fraîche verrühren. Kräuter waschen, trocken schütteln und abzupfen. Einige Blätter Basilikum zur Dekoration beiseitelegen, den Rest grob schneiden. Die geschnittenen Blätter unter die Sauce rühren und mit Meersalz und Pfeffer würzen.

5 Die Fleischmasse mit feuchten Händen zu 6 gleich großen runden Burgern formen. 2–3 EL Olivenöl in einer großen Pfanne erhitzen, die Burger hineinlegen, 2 Min. bei mittlerer Hitze braten, wenden und weitere 3 Min. braten. Dabei die Tofu-Burger auch aufstellen, sodass der Rand ebenfalls mit gebraten wird. Die Pfanne vom Herd nehmen und die Burger bis zum Anrichten darin ziehen lassen.

6 In einer zweiten Pfanne 2 EL Olivenöl erhitzen, Zucchini hineingeben, Thymian und Knoblauchzehe dazugeben. Alles gleich mit etwas Meersalz würzen, in etwa 5 Min. goldbraun braten und pfeffern. Zucchini aus der Pfanne heben, Tomatenscheiben kurz in der Pfanne schwenken und ebenfalls mit Meersalz und Pfeffer würzen. Zum Anrichten die Burger mit Zucchini und Tomaten aufschichten, mit der Sauce beträufeln und mit Basilikum garnieren.

DAS SAGT DIE MEDIZIN Tofu ist ein Sojaquark, der im Gegensatz zu Fleisch kein Cholesterin und keine gesättigten Fettsäuren enthält. Stattdessen ist er reich an Kohlenhydraten, Ballaststoffen, Mineralstoffen, viel Magnesium, Kalium sowie Eisen und zahlreichen Vitaminen. In der Kombination mit mediterranen Zutaten kommen hier wertvolle Inhaltsstoffe auf den Teller, die unter anderem verjüngend auf Herz und Blutgefäße wirken.

Paniertes Schweineschnitzel

MIT ZWETSCHGEN

FÜR 2 PERSONEN

150 g Zwetschgen

2 Schweinerückensteaks (à 130 g, als Schmetterlingsschnitzel vorbereitet, den Metzger darum bitten)

80 g mittelalter Gouda in dünnen Scheiben

1 Ei (Größe M)

40 g Cornflakes

Salz

schwarzer Pfeffer aus der Mühle

etwas Mehl (Type 405) zum Bestäuben

2–3 EL Olivenöl zum Braten

1 TL Butter

2 TL alten Aceto balsamico

Außerdem

Gefrierbeutel

Fleischklopfer

Zubereitungszeit: 20–25 Min.

Pro Portion:
570 kcal, E = 42 g, F = 33 g, KH = 26 g

1 Die Zwetschgen waschen, halbieren, entkernen, in dünne Spalten schneiden und beiseitestellen.

2 Die Schweineschnitzel mit kaltem Wasser abbrausen und mit einem Küchenpapier trocken tupfen. Den Gefrierbeutel an den beiden langen Seiten aufschneiden, 1 aufgeklapptes Schnitzel hineinlegen und mit dem Fleischklopfer möglichst flach klopfen. Mit dem zweiten Schnitzel ebenso verfahren. Die Goudascheiben entrinden, auf den Schnitzeln verteilen und die Fleischstücke zusammenklappen.

3 Das Ei in einem tiefen Teller kräftig mit einer Gabel verrühren. Die Cornflakes in einen zweiten tiefen Teller geben. Die gefüllten Schnitzel mit Salz und Pfeffer würzen, ganz leicht mit Mehl bestäuben, in Ei wenden und von beiden Seiten fest in den Cornflakes wälzen.

4 Das Olivenöl in einer Pfanne erhitzen. Die Schnitzel hineinlegen, 3 Min. bei mittlerer Hitze braten und wenden. Die Hitze etwas reduzieren und das Fleisch in weiterer 4 Min. goldbraun braten. Die Schnitzel aus der Pfanne heben und auf einem Küchenpapier abtropfen lassen.

5 Während die Schnitzel braten, die Butter in einem kleinen Topf (18 cm ∅) aufschäumen lassen. Die Zwetschgen dazugeben, 2 Min. in der Butter schwenken, leicht salzen und am Schluss den Essig dazugeben. Die gefüllten Schnitzel mit den Zwetschgen auf vorgewärmten Tellern anrichten, mit der Sauce beträufeln und servieren.

DAS SAGT DIE MEDIZIN Mageres Fleisch liefert nützliches Eiweiß (Proteine) für alle Aufbauprozesse im Körper. Auch Schweinefleisch zählt heute aufgrund moderner Züchtungsmethoden zu den fettarmen Lebensmitteln. Ein mageres Schnitzel enthält etwa 2 g Fett pro 100 g Fleisch, dafür rund 20 g Eiweiß. Dieses Fleischeiweiß liefert lebensnotwendige Aminosäuren in gut verwertbarer Form. Der Vorteil einer proteinreichen und dabei fettarmen Ernährung liegt auf der Hand: Da hierbei kein Insulin angeregt wird, verringert sich die Gefahr, an einer Diabetesvorstufe (Metabolisches Syndrom) zu erkranken.

Auch als Vitamin-B_1-Lieferant kann sich Schweinefleisch sehen lassen. Kaum ein anderes Lebensmittel enthält mehr davon: Vitamin B_1 erfüllt wichtige Funktionen im Energie- und Kohlenhydratstoffwechsel und ist von großer Bedeutung für die körperliche und geistige Leistungsfähigkeit. Darüber hinaus enthält Schweinefleisch beachtliche Mengen an Eisen und Selen. Dieses Spurenelement ist wichtig für die Schilddrüse und schützt als Antioxidanz vor Freien Radikalen.

Wirsingwickerl
MIT GETREIDE-BOLOGNESE UND THYMIAN

FÜR 2 PERSONEN

80 g gemischtes Getreide (ganzes
Korn aus Weizen, Roggen, Gerste,
Hirse, Dinkel und Hafer)

1 kleine Knoblauchzehe

1 kleine Zwiebel (50 g)

2 Zweige Thymian

1 EL Olivenöl

1 TL Tomatenmark

200 g Pizzatomaten (aus der Dose),
in Stücke geschnitten

100 ml Gemüsebrühe

Salz

300 g Wirsing (8 große Blätter
à 25–30 g)

4 Scheiben gekochter Schinken
(à 30 g)

schwarzer Pfeffer aus der Mühle

Cayennepfeffer

100 g geriebener Käse,
z. B. Emmentaler

1 TL Butter

4 EL Sahne

Außerdem

Küchentuch

Alufolie

Zubereitungszeit: 20 Min.
Quellzeit: über Nacht
Garzeit: 1 Std. 25 Min.

Pro Portion:
570 kcal, E = 36 g, F = 33 g, KH = 32 g

1 Das Getreide in lauwarmem Wasser einweichen und abgedeckt über Nacht stehen lassen. Am nächsten Tag in ein Sieb abgießen und gut abtropfen lassen.

2 Knoblauch und Zwiebel abziehen und in feine Würfel schneiden. Thymian waschen und trocken schütteln. Das Olivenöl in einem kleinen Topf (20 cm Ø) erhitzen, Zwiebeln und Knoblauch darin in 2 Min. glasig dünsten. Die Getreidekörner und das Tomatenmark dazugeben und 1 Min. unter ständigem Rühren rösten. Mit den Dosentomaten ablöschen. Dose mit der Gemüsebrühe ausschwenken und Flüssigkeit ebenfalls dazugießen. Die Bolognese-Sauce gleich mit 1 Prise Salz würzen, den Thymian dazugeben. Die Sauce aufkochen lassen, abdecken und bei geringer Hitze 35 Min. garen. Dabei immer wieder umrühren. Die Getreidekörner sollten am Ende weich und die Sauce vollständig eingekocht sein

3 Den Wirsing putzen und den Strunk entfernen. Die Wirsingblätter in reichlich kochendem Salzwasser in etwa 7 Min. weich garen, in ein Sieb abgießen, eiskalt abschrecken und gut abtropfen lassen. Wirsingblätter auf einem Küchentuch auslegen und die groben Blattrispen entfernen oder flach abschneiden. Je 2 Wirsingblätter aneinanderlegen, sodass sie eine große Fläche bilden und in der Mitte etwas überlappen. Mit je 1 Schinkenscheibe belegen.

4 Die Getreide-Bolognese mit Salz, Pfeffer und Cayennepfeffer pikant abschmecken und auskühlen lassen. Die Masse portionsweise auf dem unteren Drittel der Wirsingfläche verteilen, etwas Käse daraufstreuen, die Längsseiten einschlagen und den Wirsing aufrollen. Den Backofen auf 180 °C (Umluft) vorheizen. Eine ofenfeste Backform mit Butter ausstreichen und etwas Käse auf dem Boden der Form verteilen. Die Wirsingwickerl mit der Naht nach unten in die Form setzen. Den restlichen Käse darüberstreuen, Sahne darüberträufeln und alles mit Alufolie abdecken. Die Form in den Ofen (Mitte) stellen. Nach etwa 35 Min. Garzeit den Backofen auf Grillfunktion stellen, Alufolie abnehmen und die Wickerl in etwa 5 Min. goldbraun überbacken. Die Wirsingwickerl herausnehmen und servieren.

DAS SAGT DIE MEDIZIN In Hinsicht auf seine verjüngende Wirkung ist der bedeutendste Inhaltsstoff von Wirsing das Indol-3-Carbinol, dem eine antioxidative und gefäßschützende Wirkung nachgewiesen wurde.

Kalbsleber
MIT SALBEI UND ROTE-BETE-PÜREE

FÜR 2 PERSONEN

Für die Kalbsleber

6 Scheiben Kalbsleber (à 40 g)

6 mittelgroße Salbeiblätter

2 EL Olivenöl

etwas Mehl (Type 405) zum Bestäuben

Meersalz, z.B. Fleur de Sel

schwarzer Pfeffer aus der Mühle

1 EL Butter

Für das Rote-Bete-Püree

500 g Kartoffeln, mehlig kochend

100 ml Milch (1,5 % Fett)

2 EL Butter

Salz

schwarzer Pfeffer aus der Mühle

frisch geriebene Muskatnuss

120 g gekochte Rote Bete, vakuumverpackt (Supermarkt)

Außerdem

Kartoffelpresse oder Kartoffelstampfer

Klarsichtfolie

Zubereitungszeit: 50 Min.

Pro Portion:
540 kcal, E = 29 g, F = 28 g, KH = 43 g

1 Die Leber evtl. von Sehnen befreien. Die Salbeiblätter waschen und mit einem Küchenpapier trocken tupfen und die Leberscheiben mit je 1 Salbeiblatt belegen. Etwas festdrücken, mit Klarsichtfolie abdecken und kühl stellen.

2 Die Kartoffeln gründlich waschen, schälen und je nach Größe halbieren oder vierteln. In reichlich Salzwasser zum Kochen bringen, abdecken und in 25–30 Min. garen. Die weichen Kartoffeln abgießen, wieder zurück auf den Herd stellen und offen bei geringer Hitze etwa 5 Min. »ausdampfen« lassen. Die Kartoffeln sollten möglichst trocken sein, bevor sie gepresst werden.

3 Die Milch in einem kleinen Topf erhitzen. Butter klein schneiden und dazugeben. Die Mischung gleich mit Salz, Pfeffer und Muskatnuss abschmecken. Die Kartoffeln mit der Kartoffelpresse in eine Schüssel drücken oder stampfen. Die heiße Milchmischung mit einem Kochlöffel einrühren.

4 Die Rote Bete in kleine Würfel schneiden, in den Kartoffeltopf geben, bei geringer Hitze erwärmen und unter das heiße Püree rühren. Das Püree, falls notwendig, im Ofen bei 80 °C warm stellen.

5 Das Olivenöl in einer großen Pfanne erhitzen. Die Kalbsleberscheiben von beiden Seiten leicht mit Mehl bestäuben, mit der Salbeiseite nach unten in die heiße Pfanne legen, 1 Min. braten, mit Meersalz und Pfeffer würzen, wenden, kurz weiterbraten, Butter dazugeben. Die Kalbsleber mehrmals in der heißen Butter schwenken und vom Herd nehmen. Die rosa gebratenen Kalbsleberscheiben mit dem Rote-Bete-Püree auf vorgewärmten Tellern anrichten und mit der Butter beträufelt servieren.

DAS SAGT DIE MEDIZIN Leber von Tieren aus artgerechter Haltung ist aus ernährungsmedizinischer Sicht ein besonders wertvolles Nahrungsmittel. So enthält beispielsweise Rinderleber Folsäure in so großen Mengen wie kein anderes Lebensmittel (500–3000 μg pro 100 g). Ein ausgeglichener Folsäurespiegel kann vor Herzinfarkt oder Schlaganfall schützen. Hohe Konzentrationen an Selen, Eisen und anderen Mineralien sowie an Nukleinsäuren (Purine, Pyrimidine), die für den Zellstoffwechsel benötigt werden, sind ebenfalls in Leber nachweisbar. Weiterhin ist die Innerei eine reiche Quelle für Vitamine (A, B_1, B_2, B_6, B_{12}, D, E und K) sowie an Liponsäure. Sie besitzt antioxidative und damit verjüngende Eigenschaften und steigert die Glukoseaufnahme und -verwertung in der Muskulatur, was beim Muskelaufbau von Bedeutung ist.

Geschnetzeltes Hirschsteak
MIT BABYMAIS UND THAIBASILIKUM

FÜR 2 PERSONEN

250 g Hirschrücken ohne Knochen und Sehnen

150 g Babymaiskolben (Asiamarkt)

300 g junger Pak Choi (chinesischer Senfkohl, Asiamarkt)

100 g Sojabohnensprossen (Asiamarkt)

1 kleine rote Chilischote

2 Stängel frisches Thaibasilikum (Asiamarkt)

Salz

schwarzer Pfeffer aus der Mühle

3 EL Traubenkernöl

3 EL Austernsauce (Asiamarkt)

2 EL Sojasauce

Zubereitungszeit: 20–25 Min.

Pro Portion:
370 kcal, E = 32 g, F = 20 g, KH = 16 g

1 Den Hirschrücken kalt abbrausen, mit einem Küchenpapier trocken tupfen und evtl. von Sehnen befreien. Das Fleisch in ½ cm dünne Scheiben schneiden.

2 Die Babymaiskolben putzen und schräg der Länge nach halbieren. Den Pak Choi putzen, waschen und den Stielansatz entfernen. Die Blätter in grobe Stücke zupfen und die Stiele in 1 cm große Stücke schneiden. Die Sojabohnensprossen kurz kalt abbrausen und in einem Sieb gut abtropfen lassen. Die Chilischote waschen, der Länge nach halbieren, evtl. entkernen, um der Schote die Schärfe zu nehmen, und fein schneiden. Das Thaibasilikum vorsichtig waschen, trocken schütteln und die Blätter abzupfen.

3 Das Fleisch ringsherum mit Salz und Pfeffer würzen. Traubenkernöl in einem Wok oder einer großen Pfanne erhitzen und die Fleischstücke darin 1 Min. von beiden Seiten anbraten. Herausnehmen und beiseitestellen. Mais dazugeben und unter ständigem Rühren 1 Min. braten. Den klein geschnittenen Pak Choi und die Sojabohnensprossen hinzufügen und 1 Min. braten. Das Gemüse mit Austern- und Sojasauce würzen, Chili dazugeben, alles aufkochen. Das Fleisch wieder hineinlegen, Basilikum dazugeben und alles noch 1 Min. kräftig durchrühren.

4 Das Fleisch mit dem Gemüse und der Sauce auf vorgewärmten Tellern oder in Schälchen anrichten und mit gekochtem Basmati- oder Duftreis servieren.

TIPP DER KÜCHENCHEFIN Anstelle von Thaibasilikum können Sie auch herkömmliches Basilikum verwenden. Allerdings reicht das mediterrane Basilikum geschmacklich nicht ganz an das würzige Aroma des Thaibasilikums heran. Auch das Fleisch in diesem Gericht lässt sich beliebig variieren. Das Gemüse können Sie auch gut mit Reh, Rind, Schwein, Ente oder Hähnchen kombinieren.

DAS SAGT DIE MEDIZIN Wild gehört zu den wenigen naturbelassenen Nahrungsmitteln unserer Zeit. Das Fleisch ist mager, fett- und cholesterinarm und besitzt einen hohen Nährwert. Im Vergleich zu Schweinefleisch hat es einen deutlich höheren Proteingehalt. Zudem ist sein Eiweiß besonders gut geeignet für den Aufbau unseres körpereigenen Eiweißes und damit für alle verjüngenden Regenerations- und Aufbauprozesse. Nicht zuletzt besitzt Wildfleisch einen äußerst geringen Bindegewebsanteil, was es leicht verdaulich macht.

Fischeintopf

MIT BLUMENKOHL, CURRY UND KOKOSMILCH

FÜR 2 PERSONEN

1 kleine Zwiebel (70 g)

1 kleine Knoblauchzehe

200 g Blumenkohl

1 EL Pflanzenöl

1 TL rote thailändische Currypaste
(Asiamarkt)

1 TL Tomatenmark

1 kleine Dose Kokosmilch (165 ml)

150 g Sahne

1 Stängel Zitronengras (15 g,
Asiamarkt)

3 Kaffir-Limettenblätter (Asiamarkt)

4 Garnelen ohne Kopf (à 25 g)

200 g Seeteufel am Stück

2 Knurrhahnfilets ohne Haut (à 70 g)

60 g Kirschtomaten

Salz

einige Spritzer Limettensaft

Zubereitungszeit: 45 Min.

Pro Portion:
540 kcal, E = 44 g, F = 34 g, KH = 12 g

1 Die Zwiebel abziehen, halbieren und in feine Streifen schneiden. Den Knoblauch abziehen und in feine Würfel schneiden. Den Blumenkohl vom groben Strunk befreien, in kleine Röschen teilen und beiseitelegen.

2 Das Pflanzenöl in einem Topf (24 cm ⌀) erhitzen. Zwiebel bei mittlerer Hitze 1 Min. anschwitzen. Die Currypaste einrühren und 1 Min. rösten. Tomatenmark dazugeben und 1 Min. weitergaren. Mit der Kokosmilch ablöschen und 1 Min. kochen lassen. Dose mit 200 ml Wasser ausspülen und die Flüssigkeit mit der Sahne in die Kokosmilch rühren. Knoblauch dazugeben und das Curry 4 Min. köcheln lassen.

3 Zitronengras am dickeren Ende mit dem Messerrücken flach klopfen und halbieren. Limettenblätter in grobe Stücke zupfen. Blumenkohlröschen, Zitronengras und Limettenblätter zum Curry geben und bei geringer Hitze in 20 Min. weich kochen.

4 In der Zwischenzeit die Garnelen und den Fisch unter kaltem Wasser abbrausen und mit Küchenpapier trocken tupfen. Garnelen schälen, an der oberen Seite leicht einschneiden und die schwarzen Darmfäden entfernen. Seeteufel evtl. von Äderchen und Häuten befreien. Knurrhahn evtl. mit einer Pinzette entgräten. Den Fisch in etwa 3 cm große Stücke schneiden.

5 Tomaten waschen, von den Stielansätzen befreien und jeweils halbieren. Fischstücke salzen und in das Curry geben. 1 Min. ziehen lassen, Garnelen und Tomaten dazugeben und 2 Min. garen. Das Fischcurry mit Salz und Limettensaft abschmecken und mit gekochtem Basmati- oder Duftreis servieren.

TIPP DER KÜCHENCHEFIN Zitronengras und Limettenblätter dienen nur der Geschmacksgebung und sollten nicht mit verzehrt werden. Anstelle von Seeteufel und Knurrhahn können Sie auch Lachs, Zander oder Rotbarsch verwenden.

DAS SAGT DIE MEDIZIN Seefisch ist reich an Omega-3-Fettsäuren, die das Risiko für Herzrhythmusstörungen, Herzinfarkt und Schlaganfall senken können. Sie vermindern Ablagerungen (Plaques) an den Gefäßwänden und verbessern so die Arteriengesundheit. Da sie den Fettsäurespiegel (Triglyzeride) reduzieren, wirken sie auf eine positive Verteilung der Blutfettwerte (HDL- und LDL-Cholesterin). Zudem senken sie den Blutdruck. Diese Effekte sind schon nach kurzer Zeit regelmäßigen Fischgenusses zu beobachten. Deshalb rät die Amerikanische Herzgesellschaft gesunden Erwachsenen, zweimal pro Woche Fisch zu verzehren. Vor allem in fettem Seefisch wie Lachs, Makrele oder Thunfisch sind die beiden wichtigsten Omega-3-Fettsäuren enthalten.

Lachs
MIT KOHLRABI UND SHIITAKE-PILZEN

FÜR 2 PERSONEN

1 Kohlrabi (400 g)

100 g frische Shiitake-Pilze

1 EL Butter

Salz

2 Lachsfilets mit Haut, geschuppt
(à 220 g)

Meersalz, z.B. Fleur de Sel

3 EL Olivenöl zum Braten

1–2 Stängel glatte Petersilie

schwarzer Pfeffer aus der Mühle

Zubereitungszeit: 25–30 Min.

Pro Portion:
610 kcal, E = 47 g, F = 44 g, KH = 6 g

1 Den Kohlrabi schälen. Einige feine Blätter in kaltes Wasser legen. Kohlrabi in 1 cm breite und 6 cm lange Stifte schneiden. Shiitake-Pilze von ihren Stielen befreien und in 1½ cm dicke Scheiben schneiden. Die Butter in einem Topf (24 cm ∅) aufschäumen lassen. Kohlrabi kurz darin anschwitzen, mit 150 ml Wasser ablöschen und gleich mit 1 Prise Salz würzen. Abdecken und unter Rühren etwa 10 Min. bei geringer Hitze schmoren.

2 In der Zwischenzeit den Lachs kalt abbrausen und mit einem Küchenpapier trocken tupfen. Die Hautseite mit einem scharfen Messer zweimal schräg einschneiden (siehe Tipp). Lachsfilets von beiden Seiten mit Meersalz würzen. 1 EL Olivenöl in einer Pfanne erhitzen, Fisch mit der Hautseite nach unten in die Pfanne legen und 4 Min. bei geringer Hitze braten. Wenden, kurz weiterbraten, Pfanne vom Herd nehmen und die Filets 3 Min. in der Restwärme ziehen lassen.

3 In einer zweiten Pfanne das übrige Olivenöl erhitzen und die Pilze dazugeben. Gleich mit 1 Prise Meersalz würzen und die Pilze 2 Min. bei mittlerer Hitze rösten.

4 Die Petersilie waschen und trocken schütteln. Blättchen abzupfen und zusammen mit den Kohlrabiblättern grob schneiden. Kohlrabigemüse nur salzen, mit den geschnittenen Kräutern und Kohlrabiblättern verfeinern und auf vorgewärmten Tellern verteilen. Fisch mit der Hautseite nach oben auf dem Gemüse anrichten. Shiitake-Pilze auf dem Lachs verteilen, pfeffern und servieren. Die kross gebratene Haut kann nach Belieben mit verzehrt werden.

TIPP DER KÜCHENCHEFIN Fisch sollte möglichst immer mit der Hautseite nach unten gebraten oder gegrillt werden. Durch die natürliche Schutzschicht bleibt das Fischfleisch saftig. Zudem gart der Fisch durch Einschneiden der Haut schneller.

DAS SAGT DIE MEDIZIN In Asien werden Pilze seit Jahrtausenden zur Vorbeugung und Heilung von Krankheiten eingesetzt. Zudem gehören Pilze und hier insbesondere die Shiitake-Pilze zu den ältesten bekannten Mitteln zur Vorbeugung und Bekämpfung von Alterungsprozessen. Shiitake-Pilze zeichnen sich durch ihren bemerkenswert hohen Anteil an Mineralien, Vitaminen, Spurenelementen, Aminosäuren und Polysacchariden (Mehrfachzuckern) aus. Nicht von ungefähr ist die asiatische Küche hinsichtlich einer wirkungsvollen Anti-Aging-Ernährung mehr als inspirierend.

Holunderbirne
MIT ROSÉSEKT UND GORGONZOLA

FÜR 2 PERSONEN

1 reife Birne, z. B. Williams Christ (200 g)

1 Kardamomkapsel

1 Gewürznelke

1 EL Zucker

1 kleines Stück Bio-Zitrone

2 Blatt weiße Gelatine

25 ml Holunderblütensirup (Reformhaus, Supermarkt)

150 ml Rosésekt oder Champagner

100 g Gorgonzolakäse

Zubereitungszeit: 20–25 Min.
Kühlzeit: über Nacht

Pro Portion:
335 kcal, E = 12 g, F = 16 g, KH = 29 g

1 Die Birne schälen und halbieren. Den Stiel möglichst nicht entfernen und die Frucht mit einem kleinen Löffel vom Kerngehäuse befreien. Die Birnenschalen und das Kerngehäuse zusammen mit dem Kardamom, der Nelke und dem Zucker in einen kleinen Topf (20 cm ∅) geben. Zitrone auspressen, Saft und Schale sowie ¼ l Wasser dazugeben und alles zum Kochen bringen. Die Birnenhälften hineinlegen und abgedeckt bei geringer Hitze etwa 10 Min. köcheln lassen. Die Früchte sollten nach dem Garen schön weich sein. Um die Konsistenz zu überprüfen, können Sie mit einem kleinen Messer oder einer Gabel in das Fruchtfleisch stechen.

2 Die Gelatine in kaltem Wasser einweichen.

3 Die Birnenhälften aus dem Sud nehmen und etwas auskühlen lassen. 25 ml (ca. 2,5 EL) heißen Birnensirup abnehmen und in eine Schüssel geben. Die Gelatine ausdrücken, in den Sirup geben und unter Rühren darin auflösen.

4 Den Holundersirup in die Gelatinemischung rühren. Sekt oder Champagner vorsichtig dazugeben und alles kurz schwenken. Birnen in Gläser oder Schalen geben, mit dem Holundersud begießen und mit Klarsichtfolie abdecken. Mindestens 4 Std. oder noch besser über Nacht kühl stellen.

5 Den Gorgonzola von der Rinde befreien, in Stücke schneiden und mit den Holunderbirnen servieren.

 TIPP DER KÜCHENCHEFIN Die Holunderbirnen schmecken auch ohne Käse ganz hervorragend.

DAS SAGT DIE MEDIZIN Gewürznelken beinhalten die ätherischen Öle Eugenol und Eugenolacetat. Letzteres hemmt die Blutplättchenverklumpung und kann so durch Gefäßablagerungen (Plaques) verursachte Herz- und Kreislauf-Beschwerden vorbeugen. Eugenol, das auch im Zimt vorkommt, wirkt antibakteriell. Der Inhaltsstoff wird auch in der Kosmetikindustrie für Anti-Aging-Cremes eingesetzt.
Unter den rund 5000 Sorten umfassenden Birnen ist die wohl bekannteste die Williams-Christ-Birne. Birnen sind ein säurearmes Obst, enthalten aber etwa ebenso viel Zucker wie Äpfel. Dadurch schmecken sie besonders süß und sind für säureempfindliche Menschen sehr bekömmlich. Sie fördern die Darmfunktion, wirken dabei entwässernd und sind wirksam gegen hohen Blutdruck. Zudem enthalten Birnen wertvolle Ballaststoffe, die den Stoffwechsel entlasten. Ihr Kieselsäure- und Phosphorgehalt stärkt das Nervensystem – ein idealer Anti-Aging-Wirkstoffcocktail.

Panna cotta
MIT HIBISKUS UND ACEROLAKIRSCHE

FÜR 2 PERSONEN

½ Vanilleschote

200 g Sahne

100 ml Milch (1,5 % Fett)

1 EL Zucker (20 g)

1 TL getrocknete Hibiskusblüten
(Tee, Reformhaus)

1 Blatt weiße Gelatine

2 EL Acerolakirschsaft (Direktsaft,
Reformhaus)

Zubereitungszeit: 15 Min.
Kühlzeit: über Nacht

Pro Portion:
370 kcal, E = 4 g, F = 32 g, KH = 16 g

1 Die Vanilleschote der Länge nach aufschneiden. Das Vanillemark mit dem Messerrücken herauskratzen. Die Sahne mit der
Milch, der Vanilleschote, dem Mark und dem Zucker in einem kleinen Topf (16 cm ⌀) zum Kochen bringen. Hibiskusblüten dazugeben, den Topf vom Herd nehmen und alles 10 Min. ziehen lassen.
2 Die Gelatine in der Zwischenzeit in kaltem Wasser einweichen.
3 Die Hibiskussahne noch einmal aufkochen lassen. Gelatine
ausdrücken und in die heiße Sahne rühren. Die Panna cotta
durch ein feines Sieb in eine Schüssel streichen. Acerolakirschsaft einrühren, in Portionsgläser oder Förmchen füllen und auskühlen lassen. Mit Klarsichtfolie abdecken und am besten über
Nacht kühl stellen.
4 Die Panna cotta etwa 10 Min. vor dem Servieren aus dem
Kühlschrank nehmen und servieren. Ganz schlicht und ohne
Dekoration schmeckt sie am besten.

DAS SAGT DIE MEDIZIN Die Acerolakirsche ist wie die bei
uns heimische Kirsche eine Steinfrucht, botanisch allerdings nicht mit dieser verwandt. Ursprünglich stammt die Acerolakirsche von der mexikanischen Halbinsel Yucatán. Sie gilt neben
Camu-Camu als die Vitamin-C-reichste Frucht weltweit mit bis zu
3 g pro 100 g Fruchtfleisch. Zudem enthält die Acerola Vitamin B_6,
Provitamin A, Eisen, Kalzium, Magnesium, Thiamin, Riboflavin und
Niacin. Aufgrund ihres weichen Fruchtfleischs ist es fast unmöglich, die Früchte unbeschädigt zu transportieren, weshalb sie in
Ländern außerhalb Südamerikas nur als Saft in den Handel
kommt. Ein Acerolasaft ist nicht nur ein idealer Schutz gegen
Herbstmüdigkeit und Erkältungen. Er könnte auch gegen den
altersbedingt erhöhten Blutzucker schützen, wie eine japanische
Arbeitsgruppe vermutet. Die Forscher fanden heraus, dass ein
Polyphenol der Acerolakirsche den Blutzucker nach einer Mahlzeit
senkt, indem es die Spaltung von Nahrungszucker und die Resorp-
tion von Glukose im Darm vermindert.
Rohmilch ist die Bezeichnung für unbehandelte Milch und Grund-
stoff aller Milchprodukte. Als Vorzugsmilch wird eine Milch
bezeichnet, die vom Erzeuger und Weiterverarbeiter lediglich gefil-
tert werden darf und nach der Abfüllung gekühlt werden muss.
Vorzugsmilch darf nicht erhitzt werden, wie es bei Ultrahocherhit-
zung und Pasteurisierung der Milch üblich ist. Sie darf auch nicht
homogenisiert werden. Die Inhaltsstoffe der Milch, wie Vitamine
und natürlicher Fettgehalt, werden so optimal erhalten. Da die
Rohmilch allerdings auch Krankheitserreger enthalten kann, sollte
sie im Rahmen einer gesunden Anti-Aging-Ernährung vor dem Verzehr abgekocht werden.

GENUSSREZEPTE FÜR DEN
WINTER
...wärmend und kräftigend!

Wenn die Tage kürzer werden und die Temperaturen sinken, benötigen wir für die nächsten Wochen und Monate viel Energie von innen. Denn ob wir gesund und leistungsstark durch den Winter kommen und wie wir uns in der kältesten Jahreszeit fühlen, hängt zu einem nicht unwesentlichen Teil von einer ausgewogenen, kräftigenden und vitaminreichen Ernährung ab.

Schokoladenhörnchen
MIT INGWER UND HASELNÜSSEN

FÜR 6 FRÜHSTÜCKSHÖRNCHEN

3 TK-Blätterteigplatten (à 75 g, etwa 19 cm x 10 cm)

50 g Haselnusskerne

30 g Bitterschokolade (85 % Kakaoanteil)

6 eingelegte Ingwerstäbchen in Sirup (à 4 g, Reformhaus)

1 Eigelb (Größe M)

1 EL Milch (1,5 % Fett)

etwas Mehl (Type 405) für die Arbeitsfläche

etwas Puderzucker zum Bestäuben

Außerdem

Nudelholz

Backpapier

Zubereitungszeit: 30 Min.
Auftauzeit: über Nacht

Pro Portion:
250 kcal, E = 4 g, F = 17 g, KH = 19 g

1 Den Blätterteig am Abend vorher im Kühlschrank auftauen lassen. Den Backofen auf 200 °C (Umluft) vorheizen.

2 Die Haselnusskerne in der Küchenmaschine in feine Scheiben hobeln oder mit dem Messer fein hacken. Die Bitterschokolade in 6 gleich große Stücke brechen. Die Ingwerstäbchen der Länge nach halbieren. Das Eigelb in einer kleinen Schüssel mit der Milch verrühren.

3 Die Blätterteigplatten auf einer bemehlten Arbeitsfläche auslegen und dünn mit dem verquirlten Ei bestreichen. Bis zu den Kanten hin mit Haselnüssen bestreuen und diese fest andrücken. Jede Platte der Länge nach schräg halbieren, sodass jeweils 2 gleich große Dreiecke entstehen. Die Dreiecke wenden, 1–2-mal mit dem Nudelholz darüberrollen, bis die Haselnüsse gut mit dem Teig verbunden sind. Jedes Teigdreieck auf der kurzen Seite in der Mitte mit einem Messer 2 cm lang einschneiden. So lässt sich das Hörnchen später besser aufrollen.

4 Auf jedes Teigdreieck ein Schokoladenstück und Ingwerstäbchen legen. Die Spitze mit Eigelb bepinseln und von der breiteren Seite her zu einem Hörnchen aufrollen. Die Hörnchen auf ein mit Backpapier ausgelegtes Blech legen, in den Ofen (Mitte) schieben und in 18–20 Min. goldbraun und knusprig backen.

5 Die Hörnchen aus dem Ofen nehmen und etwas auskühlen lassen. Nach Belieben mit Puderzucker bestäuben und servieren.

TIPP DER KÜCHENCHEFIN Der Blätterteig geht noch besser auf, wenn man vor dem Backen einen großzügigen Schuss Wasser in den Ofen gießt. Durch den heißen Dampf wird der Teig schön luftig und feinblättrig.

DAS SAGT DIE MEDIZIN Schokolade hat hinsichtlich Anti-Aging-Qualitäten einiges zu bieten: 100 g Schokolade enthalten knapp 50 g Zucker. Das Verhältnis von Kakaomasse und Kakaobutter variiert je nach Sorte zwischen 48:4 g bei Bitterschokolade, 15:35 g bei Milchschokolade oder 0:50 g bei weißer Schokolade. Alle Schokoladen enthalten etwa 30 g/100 g Fett, aber auch bis zu 15 g Ballaststoffe und 5–10 g Eiweiß. Erstaunlicherweise hat der hohe Zuckeranteil relativ wenig Einfluss auf den Blutzuckerspiegel, was auf den ebenfalls hohen Fettgehalt zurückzuführen ist, der die Glukoseaufnahme verzögert. Zudem enthält Schokolade bioaktive Substanzen, wie die Stimmungsaufheller Theobromin und Anandamid sowie Tryptophan und eine Reihe wertvoller Mineralstoffe, vor allem Magnesium, Eisen, Kupfer und Nickel, sowie ein Flavonoid namens Epicatechin, welches antioxidativ und wachstumsfördernd auf die Hautzellen wirkt.

Dinkel-Frühstückszopf
MIT ROSINEN UND MANDELN

FÜR 12 STÜCKE

500 g Dinkelvollkornmehl

80 g Zucker

200 ml Milch (1,5 % Fett)

1 Würfel frische Hefe (42 g)

100 g Butter

2 Eier (Größe M)

Salz

60 g Rosinen

1 Eigelb (Größe M)

1 EL Milch (1,5 % Fett)

10 g gehobelte Mandeln

etwas Mehl für die Arbeitsfläche

etwas Puderzucker zum Bestäuben

Außerdem

Backpapier

Zubereitungszeit: 25 Min.
Ruhezeit: 2 Std.
Backzeit: 35 Min.

Pro Portion:
270 kcal, E = 8 g, F = 9 g, KH = 38 g

1 Das Mehl in eine große Schüssel geben und eine kleine Mulde hineindrücken. Den Rand ringsherum mit Zucker bestreuen. 200 ml Milch lauwarm erhitzen. Hefe in einer Tasse zwischen den Fingerspitzen zerbröseln und mit 5 EL lauwarmer Milch sowie 1 EL Mehl aus der Schüssel glatt rühren. Hefemilch in die Mulde gießen. Die Schüssel mit einem Küchentuch abdecken und an einem warmen Ort 20 Min. gehen lassen.

2 Inzwischen die Butter in kleine Würfel schneiden, mit den Eiern in die restliche lauwarme Milch geben und dabei nicht verrühren. Eiermilch und 1 Prise Salz zu dem aufgequollenen Vorteig geben und mit dem Knethaken der Küchenmaschine so lange verarbeiten, bis der Teig glatt ist und Blasen wirft. Zum Schluss noch die Rosinen in den Teig einarbeiten.

3 Hände und Arbeitsfläche kräftig mit Mehl bestäuben. Den Teig aus der Schüssel heben und zu einer Kugel formen. Den Schüsselboden mit etwas Mehl bestäuben. Hefeteig in die Schüssel legen, diese wieder abdecken und 30 Min. ruhen lassen. Danach den Hefeteig in der Schüssel mit den Fingerspitzen zusammendrücken und abgedeckt 40 Min. gehen lassen.

4 Den Hefeteig auf der bemehlten Arbeitsfläche in 3 gleich große Stücke teilen. Diese zu etwa 55 cm langen Strängen rollen und zu einem Zopf flechten. Den Zopf diagonal auf ein mit Backpapier ausgelegtes Blech legen, mit einem Küchentuch abdecken und 30 Min. ruhen lassen. Den Backofen auf 170 °C (Umluft) vorheizen. Eigelb und 1 EL Milch in einer kleinen Schüssel verrühren, den Zopf dünn damit bestreichen und mit den Mandeln bestreuen. In den Backofen (Mitte) schieben und in etwa 35 Min. goldbraun backen.

5 Den Zopf aus dem Ofen nehmen, auskühlen lassen, mit Puderzucker bestäuben, in fingerdicke Scheiben schneiden und z.B. mit Butter und Marmelade zum Frühstück servieren.

TIPP DER KÜCHENCHEFIN Alle Zutaten sollten bei Zimmertemperatur verarbeitet werden. Deshalb werden auch Butter und Eier zum Temperieren in die lauwarme Milch gegeben. Den gebackenen Frühstückszopf kann man ausgekühlt problemlos einfrieren.

DAS SAGT DIE MEDIZIN Dinkel hat mehr Mineralstoffe und Vitamine zu bieten als der beste Weizen. Sein hoher Gehalt an Kieselsäure wirkt sich positiv auf Denkvermögen und Konzentration sowie die Gesundheit von Haut und Haar aus.

Obstsalat
MIT WALNÜSSEN UND LEINÖL

FÜR 2 PERSONEN

1 roséfarbene Grapefruit

2 Orangen

½ Granatapfel (180 g)

½ reife Mango ohne Stein (150 g)

1 Apfel (140 g)

20 g Walnusskerne

ein paar Tropfen Leinöl

Zubereitungszeit: 10–15 Min.

Pro Portion:
315 kcal, E = 5 g, F = 10 g, KH = 51 g

1 Die Grapefruit und die Orangen mit einem scharfen Messer so gründlich schälen, dass auch die weiße Haut mit entfernt ist. Zum Filetieren die Grapefruit und die Orangen am besten über eine Schüssel halten, um so den Saft für den Obstsalat aufzufangen. Er sorgt für eine schön fruchtige Komponente. Die einzelnen Filets mit einem scharfen Messer aus den Trennhäuten herausschneiden.

2 Nun das Obst nacheinander vorbereiten und gleich unter die Zitrusfrüchte rühren: Den Granatapfel in grobe Stücke schneiden und die Kerne mit den Fingern herausbrechen. Die Mango schälen und in mundgerechte Stücke schneiden. Den Apfel waschen, vierteln, das Kerngehäuse entfernen und die Frucht in dünne Scheiben schneiden. Die Walnusskerne grob hacken.

3 Den bunten Obstsalat mischen, in Portionsschälchen füllen, mit Walnüssen bestreut und ein paar wenigen Tropfen Leinöl beträufelt servieren.

TIPP DER KÜCHENCHEFIN Die Mango sollte vollreif sein, um ausreichend natürliche Süße in den Obstsalat zu bringen. Für einen guten Obstsalat benötigt man immer Zitrusfrüchte. Die in ihnen enthaltene Fruchtsäure sorgt dafür, dass Obstsorten wie Äpfel oder Birnen nicht braun werden.

DAS SAGT DIE MEDIZIN Pflanzliche Fette mit hohen Anteilen an ungesättigten Fettsäuren können den Cholesteringehalt im Blut wirkungsvoll senken. Eine medizinisch besonders wertvolle Fettsäure ist die Alpha-Linolensäure, besser bekannt als Omega-3-Fettsäure. Sie wirkt nicht nur regulierend auf das Immunsystem, sondern regt auch das Nervensystem positiv an und kann vor degenerativen Nervenerkrankungen schützen. Diese Fettsäure kommt außer in Fisch in Walnuss-, Soja- und Rapsöl, und insbesondere in dem hier verwendeten Leinöl vor, das 50 % an Omega-3-Fettsäuren enthält.
Der Obstsalat liefert den zur Stärkung der Abwehrkräfte wichtigen Radikalfänger Vitamin C. Auch Vitamin A, für das die Mango eine gute Quelle ist, ist hier üppig vorhanden. Weiterhin enthalten Grapefruit, Orangen, Granatapfel & Co. viele wertvolle sekundäre Pflanzenstoffe, die antioxidativ und verjüngend wirken. Dazu gehören Naringenin und Bergamottin aus der Grapefruit und Polyphenole wie die Ellagsäure aus Granatapfel. Die Polyphenole des Granatapfels besitzen zudem eine antiöstrogene Wirkung, die Wechseljahrbeschwerden lindert. Beide Früchte enthalten cholesterinsenkende Inhaltsstoffe, die das Verhältnis zwischen LDL- und HDL-Cholesterin verbessern. Grapefruits mit roséfarbenem Fruchtfleisch sind in dieser Hinsicht empfehlenswerter.

Carobmilch
MIT STERNANIS UND ZIMT

FÜR 2 PERSONEN

¼ Vanilleschote

½ l frische Milch (3,5 % Fett)

2–3 Zacken Sternanis

1 kleines Stück Zimt

4 TL Carobpulver (Reformhaus)

Zubereitungszeit: 6–8 Min.

Pro Portion:
185 kcal, E = 8 g, F = 9 g, KH = 12 g

1 Die Vanilleschote der Länge nach aufschneiden und das Mark mit dem Messerrücken herauskratzen. Die Milch mit der Vanilleschote, dem Mark, dem Sternanis und dem Zimt in einen kleinen Topf geben. Alles zum Kochen bringen und 5 Min. bei geringer Hitze ziehen lassen. Das Carobpulver einrühren.
2 Aromaten entfernen. Die Carobmilch in Tassen füllen und als wärmendes Getränk an kalten Wintertagen genießen.

DAS SAGT DIE MEDIZIN Das fettarme Carobpulver aus dem Fruchtfleisch des Johannisbrotbaums gewonnen, enthält verjüngendes Vitamin A, nervenstärkende Vitamine der B-Gruppe, sowie Kalzium, Eisen und insbesondere Ballast- und sekundäre Pflanzenstoffe. So kann Carobpulver zu einer Senkung der Blutfettwerte beitragen und gleichzeitig die Fettverbrennung steigern. Es ist ein guter Ersatz für Kakaopulver.

Ingwertee
MIT MANDARINEN UND REISSIRUP

FÜR 2 PERSONEN

1 kleines Stück frischer Ingwer (15 g)

Saft von 2 reifen Mandarinen
(etwa 100 ml)

2 TL Reissirup (Reformhaus)

Zubereitungszeit: 25 Min.

Pro Portion:
30 kcal, E = 0 g, F = 1 g, KH = 7 g

1 Den Ingwer schälen und in dünne Scheiben schneiden. Ingwerscheiben mit ½ l Wasser in einem kleinen Topf zum Kochen bringen und bei geringer Hitze etwa 20 Min. ziehen lassen.
2 Die Mandarinen mit Hilfe einer Zitruspresse entsaften. Den heißen Ingwertee mit Mandarinensaft und Reissirup verfeinern. Den Tee durch ein feines Sieb passieren und das wärmende Getränk servieren.

TIPP DER KÜCHENCHEFIN Anstelle von Reissirup können Sie auch Zucker oder Honig verwenden.

DAS SAGT DIE MEDIZIN Die Ingwerwurzel enthält das zähflüssige Oleoresin, das aus ätherischen Ölen sowie Gingerolen und Shoagolen besteht. Den in diesem Tee enthaltenen Wurzelextrakten werden antioxidative, stärkende sowie anregende Effekte auf den Verdauungstrakt und seine Funktionen zugesprochen. Daher wird Ingwer als klassisches Extrakt oder als Tee insbesondere in der asiatischen Medizin zur Entgiftung oder Appetitanregung verordnet. Ideal ist ein Ingwertee daher vor den Mahlzeiten.

Wachtel
MIT ROTKOHLSALAT UND QUITTENVINAIGRETTE

FÜR 2 PERSONEN

½ Apfel- oder Birnenquitte (150 g)

1 EL Zucker

100 ml Apfelsaft

350 g Rotkohl (ohne Strunk)

3 EL Apfelessig

Salz

schwarzer Pfeffer aus der Mühle

3 EL Traubenkernöl

1 Prise gemahlener Zimt

1 Prise gemahlener Piment

Für die Wachteln

2 Wachteln (à 200 g)

2–3 Zweige Thymian

1 TL kalte Butter

2 EL Traubenkernöl

80 ml roter Portwein

Außerdem

Einweghandschuhe

Zubereitungszeit: 35–40 Min.

Pro Portion:
555 kcal, E = 37 g, F = 29 g, KH = 25 g

1 Die Quitte schälen, vierteln und das Kerngehäuse entfernen. Die Quittenstücke in ebenso dünne Streifen schneiden wie später den Rotkohl.

2 Den Zucker in einem kleinen Topf (18 cm ∅) erhitzen und hellbraun karamellisieren. Die Quittenstreifen dazugeben, mit Apfelsaft ablöschen und abgedeckt etwa 5 Min. bei geringer Hitze köcheln lassen. Den Topf vom Herd nehmen und die Quitten etwas auskühlen lassen.

3 Den Rotkohl in feine Streifen schneiden. Am besten verwenden Sie dazu Einweghandschuhe, da der Kohl sonst auf die Hände abfärbt. Die Rotkohlstreifen in eine Schüssel geben, mit Apfelessig, Salz und Pfeffer würzen, kräftig durchmischen und etwa 15 Min. ziehen lassen. Die Quittenstücke in ein Sieb abgießen, und mit den 3 EL Traubenkernöl unter den Rotkohlsalat mischen. Mit Zimt und Piment verfeinern. Evtl. noch einmal mit Salz und Pfeffer abschmecken. Den Salat nochmals durchmischen.

4 Die Wachteln von innen und außen kalt abbrausen und mit einem Küchenpapier trocken tupfen. Dann Brüste und Keulen von der Karkasse, dem Knochengerüst, lösen. Anschließend die Flügelspitzen abschneiden und die kleinen Oberschenkelknochen der Keulen vorsichtig herauslösen. Den Thymian waschen, trocken schütteln und 1 Zweig zur Dekoration beiseite legen. Die Butter in kleine Würfel schneiden. Die Wachtelstücke mit Salz und Pfeffer würzen.

5 Die 2 EL Traubenkernöl in einer großen Pfanne erhitzen. Thymian und Wachtelteile mit der Hautseite nach unten in das heiße Öl legen. 1 Min. bei mittlerer Hitze braten, wenden und wieder 1 Min. braten. Das entstandene Bratfett abgießen, Wachteln in der Pfanne mit dem Portwein ablöschen, kurz aufkochen lassen und die kalte Butter einrühren.

6 Den Salat mit den gebratenen Wachtelstücken auf Tellern anrichten. Mit dem beiseitegelegten Thymian garnieren und z. B. als weihnachtliche Vorspeise servieren.

DAS SAGT DIE MEDIZIN Neben Vitamin C, Eisen, Kalium und anderen Mineralstoffen sowie Kieselsäure finden sich in der Quitte außergewöhnlich viele Pektine (1,2–1,8 %), also doppelt soviel wie im Apfel. Dieser lösliche Ballaststoff regt die Verdauungsfunktionen an, absorbiert Giftstoffe im Darm und reduziert die Cholesterinaufnahme. Kieselerde soll hilfreich für die Neubildung von Haut, Haaren, Nägeln, Zähnen, Knochen und Bindegewebe sein und ist deshalb gerade in zunehmendem Alter wichtig.

Kartoffel-Zwiebel-Rösti
MIT LACHSFORELLE UND MEERRETTICH

FÜR 2 PERSONEN

2 Lachsforellenfilets mit Haut
(à 200 g)
1–2 Stängel Dill
1–2 Stängel Basilikum
2 EL Olivenöl
450 g mittelgroße mehlig kochende
Kartoffeln
Salz
½ TL Kümmelsamen
1 Zwiebel (100 g)
schwarzer Pfeffer aus der Mühle
frisch geriebene Muskatnuss
Meersalz, z.B. Fleur de Sel
5–6 EL Pflanzenöl zum Braten
Für die Sauce
2 EL Sauerrahm
2 EL Naturjoghurt (1,5 % Fett)
1–2 Stängel Dill
1–2 Stängel Basilikum (8–10 Blätter)
1 kleines Stück frischer Meerrettich
Außerdem
Klarsichtfolie
Gemüsehobel oder Vierkantreibe

Zubereitungszeit: 1 Std.

Pro Portion:
625 kcal, E = 44 g, F = 37 g, KH = 29 g

1 Den Fisch kalt abbrausen, mit einem Küchenpapier trocken tupfen und evtl. Mittelgräten mit einer Pinzette herauszupfen. Die Filets in 4 gleich große Stücke schneiden. Kräuter waschen und trocken schütteln. Eine ofenfeste Form mit 1 EL Olivenöl einpinseln. Fischfilets mit der Hautseite nach unten einlegen, mit den Kräuterzweigen belegen und beiseitestellen. Den Backofen auf 80 °C (Ober- und Unterhitze) vorheizen.

2 Die Kartoffeln gründlich waschen. Einen Topf mit reichlich Wasser füllen und dieses kräftig salzen. Kümmel und Kartoffeln hineingeben und alles abgedeckt zum Kochen bringen. In etwa 18 Min. bissfest kochen. Die Kartoffeln abgießen, etwas auskühlen lassen, schälen und mit dem Gemüsehobel grob reiben.

3 Die Zwiebel abziehen, halbieren und in feine Streifen schneiden. 1 EL Olivenöl in einer kleinen Pfanne erhitzen. Zwiebel hineingeben und 3 Min. bei mittlerer bis geringer Hitze glasig dünsten. Die Zwiebeln zu den geriebenen Kartoffeln geben, mit Salz, Pfeffer und Muskatnuss abschmecken und gut mischen.

4 Etwa 25 Min. vor dem Servieren den Fisch mit Meersalz und Pfeffer würzen und mit Klarsichtfolie abgedeckt in den Ofen (Mitte) schieben. In 25 Min. glasig garen.

5 Parallel dazu 3 EL Pflanzenöl in einer großen Pfanne erhitzen. Die Kartoffelmasse mit den Händen in 6 etwa gleich große flache Fladen formen, in die heiße Pfanne geben und bei mittlerer Hitze braten. Nach 6 Min. wenden, etwas Öl dazugießen und bei geringer Hitze in etwa 12–14 Min. goldbraun braten. Dabei mehrmals wenden.

6 Für die Sauce den Sauerrahm mit Joghurt glatt rühren und mit Salz und Pfeffer abschmecken. Dill und Basilikum waschen, trocken schütteln. Spitzen und Blätter abzupfen, einige zur Dekoration beiseitelegen. Den Rest grob schneiden und unter die Joghurtsauce rühren.

7 Den Fisch aus dem Ofen nehmen und die Folie entfernen. Die Filets kurz wenden und die Haut mit den Fingern oder zwei Gabeln vorsichtig abziehen. Meerrettich schälen und fein reiben oder hobeln. Die knusprigen Rösti kurz auf einem Küchenpapier abtropfen lassen, mit dem Fisch auf vorgewärmten Tellern anrichten und mit der Sauce beträufeln. Mit frischen Kräutern garnieren, etwas Meerrettich bestreuen und servieren.

TIPP DER KÜCHENCHEFIN Die Rösti sollten langsam gebraten werden. Nur so sind sie außen schön knusprig und innen gar.

Petersilienwurzelsuppe
MIT ROTE-BETE-SAFT

FÜR 2 PERSONEN

350 g Petersilienwurzeln

1 kleine Zwiebel (70 g)

1 EL Butter

Salz

½ l Gemüsebrühe

100 g Sahne

schwarzer Pfeffer aus der Mühle

Cayennepfeffer

2 EL Rote-Bete-Saft (Reformhaus oder Supermarkt)

Zubereitungszeit: 45 Min.

Pro Portion:
285 kcal, E = 7 g, F = 22 g, KH = 14 g

1 Die Petersilienwurzeln gründlich waschen, schälen und in etwa 1 cm große Würfel schneiden. Die Zwiebel abziehen und in kleine Würfel schneiden.

2 Die Butter in einem Topf (20 cm ∅) aufschäumen lassen. Zwiebeln darin in etwa 2 Min. glasig dünsten. Petersilienwurzeln dazugeben und alles 2 Min. bei mittlerer Hitze garen. Gleich mit 2 Prisen Salz würzen und immer wieder umrühren.

3 Mit der Gemüsebrühe ablöschen, zum Kochen bringen, abdecken und bei geringer Hitze etwa 30 Min. garen. Den Deckel abnehmen, Sahne dazugeben und die Suppe offen noch 5 Min. köcheln lassen.

4 Die Suppe mit dem Pürierstab fein und schaumig mixen, mit Salz, Pfeffer und Cayennepfeffer abschmecken. Die Suppe in vorgewärmten tiefen Tellern oder Schalen anrichten, mit je 1 EL Rote-Bete-Saft beträufeln und servieren.

VARIANTEN Die oben beschriebene Menge ergibt einen guten ½ l Suppe. Anstelle der Petersilienwurzeln können Sie auch Knollensellerie oder Pastinaken verwenden. Die Suppe lässt sich überdies beliebig verfeinern: Gerade für Gäste oder ein feines Gericht in der Weihnachtszeit machen sich edle Zutaten, wie etwa gebratene Jakobsmuscheln oder Garnelen, hervorragend in der feinen Suppe.

TIPP DER KÜCHENCHEFIN Die Suppe ist ein ideales Zwischengericht für einen Brunch. Zu diesem Anlass können Sie sie auch in kleinen Tassen servieren. Dazu 1 Scheibe Vollkorntoast in kleine Würfel schneiden, in einer Pfanne mit heißem Olivenöl und ein wenig Thymian goldbraun braten, leicht salzen, auf einem Küchenpapier abtropfen lassen und als knusprige Beilage zur Suppe servieren.

DAS SAGT DIE MEDIZIN Aufgrund ihres hohen Vitamin-B-, Kalium-, Eisen- und vor allem Folsäuregehalts ist die Rote Bete hinsichtlich ihrer verjüngenden Wirkung auf den menschlichen Organismus ein äußerst wertvolles Gemüse. Die augenfällige rote Farbe beruht hauptsächlich auf der hohen Konzentration des Glykosids Betanin, das aus der Gruppe der Betalaine stammt. Betanin ist ein wirkungsvolles Antioxidanz, das außerdem günstig auf das LDL-Cholesterin wirkt und damit vorbeugend gegen schädliche Gefäßablagerungen (Plaques) und die Entwicklung einer Arteriosklerose wirken könnte. Menschen, die zur Bildung von Nierensteinen neigen, sollten Rote Bete und verwandte Gemüsesorten nur in Maßen genießen, da sie reich an Oxalsäure ist.

Italienischer Krauteintopf
MIT KALB UND GERSTENGRAUPEN

FÜR 2–3 PERSONEN

500 g Kalbfleisch (Schulter oder Nacken)

1 Zwiebel (100 g)

400 g Weißkohl

1 kleine Knoblauchzehe

Salz

schwarzer Pfeffer aus der Mühle

2 EL Olivenöl

1 EL Tomatenmark

1 Dose Pizzatomaten (400 g), in Stücke geschnitten

700 ml Gemüsebrühe

2–3 mittelgroße Salbeiblätter

2–3 Zweige Oregano

2–3 Prisen getrocknete Chiliflocken

60 g Gerstengraupen (Reformhaus)

Olivenöl zum Beträufeln

etwas grob geriebener oder gehobelter Parmesan

Zubereitungszeit: 15–20 Min.
Garzeit: 2 Std.

Pro Portion:
390 kcal, E = 43 g, F = 13 g, KH = 25 g

1 Das Fleisch kalt abbrausen, mit einem Küchenpapier trocken tupfen und in etwa 2 cm große Würfel schneiden. Sehnen und Fett müssen in diesem Fall nicht entfernt werden und können am Fleisch bleiben.

2 Die Zwiebel abziehen und in 1 cm große Würfel schneiden. Den Weißkohl vom Strunk befreien und in etwa 2 cm große Stücke schneiden. Die Knoblauchzehe abziehen und in kleine Stücke schneiden. Das Fleisch mit Salz und Pfeffer würzen.

3 Das Olivenöl in einem Topf (24 cm ∅) erhitzen. Das Fleisch in das heiße Öl geben und bei mittlerer Hitze 10 Min. anbraten. Auftretendes Wasser vollständig einkochen lassen. Die Zwiebel dazugeben und 1 Min. rösten. Tomatenmark hineingeben und 3 Min. unter ständigem Rühren braten. Mit Dosentomaten und etwa 400 ml Gemüsebrühe aufgießen und zum Kochen bringen. Die Dose mit einem Schuss Gemüsebrühe ausschwenken und die Flüssigkeit ebenfalls dazugießen.

4 Die Kräuter waschen und trocken schütteln. Salbei, Knoblauch und 2 Prisen Chili in den Eintopf geben. Abgedeckt bei geringer Hitze köcheln lassen. Nach etwa 1 Std. das Kraut und die restliche Gemüsebrühe in den Eintopf rühren. Den Eintopf wieder abdecken und weitere 50 Min. köcheln lassen, bis Fleisch und Kraut weich sind.

5 Inzwischen die Graupen in reichlich Salzwasser in etwa 30 Min. weich kochen. In einem Sieb abgießen, eiskalt abschrecken und gut abtropfen lassen. Die Graupen in den heißen Eintopf rühren, alles zusammen aufkochen lassen und mit Salz, Pfeffer und Chiliflocken pikant abschmecken.

6 Die Oreganoblättchen abzupfen und einige davon zur Dekoration beiseite legen. Die übrigen Blättchen grob schneiden und kurz vor dem Servieren in den heißen Eintopf rühren. Den Krauteintopf in vorgewärmten Tellern anrichten, mit einigen Tropfen Olivenöl beträufeln, frischem Pfeffer würzen und Parmesan bestreuen. Mit den beiseitegelegten Oreganoblättchen garnieren und servieren.

DAS SAGT DIE MEDIZIN Gerstengraupen sind kein Vollwertprodukt, aber eine gute Beilagenalternative zu Kartoffeln oder Reis. Sie enthalten neben Kohlenhydraten (70 g/100 g) viel pflanzliches Eiweiß (10 g/100 g), und Ballaststoffe (5 g/100 g) sowie B-Vitamine. Dieses Nahrungsmittel wirkt verjüngend auf das Gehirn, stärkt die Muskeln und die Darmleistung und hilft bei der Gewichtskontrolle, da es gut sättigt.

Vollkornspaghetti

MIT VANILLEZWIEBELN UND RICOTTA

FÜR 2 PERSONEN

250 g Vollkornspaghetti

200 g rote Zwiebeln

½ Vanilleschote

20 g Pinienkerne

2 Stängel Basilikum (15–20 mittelgroße Blätter)

2 EL Olivenöl

Salz

schwarzer Pfeffer aus der Mühle

2 Prisen getrocknete Chiliflocken

1 EL Butter

2 EL Ricotta (italienischer Frischkäse)

einige Tropfen Olivenöl

etwas grob geriebener oder
gehobelter Parmesan

Zubereitungszeit: 25–30 Min.

Pro Portion:
365 kcal, E = 12 g, F = 16 g, KH = 43 g

1 Die Spaghetti in reichlich Salzwasser bissfest kochen. Eine kleine Schöpfkelle Nudelwasser auffangen und beiseitestellen. Nudeln in einem Sieb abgießen. Nicht abschrecken!

2 In der Zwischenzeit die Zwiebeln abziehen, halbieren und in feine Streifen schneiden. Die Vanilleschote der Länge nach aufschneiden und das Mark mit dem Messerrücken herauskratzen. Die Pinienkerne in einer Pfanne ohne Fett in etwa 2 Min. goldbraun rösten und auf einen Teller geben. Basilikum waschen, trocken schütteln, Blätter abzupfen und in grobe Stücke schneiden.

3 Das Olivenöl in einem Topf (24 cm Ø) erhitzen. Die Zwiebeln darin 6–7 Min. bei mittlerer bis geringer Hitze garen und dabei immer wieder umrühren. Vanilleschote mit Mark dazugeben und alles durchrühren. Die heißen Nudeln und das Nudelwasser dazugeben. Alles aufkochen lassen und mit Salz, Pfeffer sowie Chiliflocken pikant abschmecken.

4 Die Butter in kleine Würfel schneiden. Mit dem Basilikum und den Pinienkernen einrühren und nochmals abschmecken. Die Spaghetti auf vorgewärmten Tellern anrichten, pro Portion 1 EL Ricotta daraufgeben, mit Olivenöl beträufeln, Parmesan bestreuen und servieren.

TIPP DER KÜCHENCHEFIN Anstatt der Vollkornspaghetti können Sie nach Belieben auch helle Spaghetti aus Hartweizengrieß verwenden.

DAS SAGT DIE MEDIZIN Vollkornspaghetti werden aus dem vollen Korn hergestellt und enthalten deshalb mehr Vitamine als Nudeln aus Weißmehl. Besonders die B-Vitamine und Ballaststoffe sind gut für eine glatte Haut und volles Haar sowie für Blutgefässe und gut funktionierende Nervenzellen. Ballaststoffe sorgen für eine lang anhaltende Sättigung und eine gute Verdauung. Nudelgerichte sind in erster Linie kohlenhydratreiche Gerichte. Sie liefern schnell Energie und sind besonders geeignet vor oder nach sportlicher Aktivität, um die Energiespeicher, d. h. das Glykogen in der Leber und den Muskeln aufzufüllen. Stehen dem Körper bei vermehrter Aktivität zu wenige Kohlenhydrate zur Verfügung, kann es zu einer Unterzuckerung und zum Leistungsabfall kommen. Wichtig bei einer kohlenhydratreichen Ernährung ist außerdem eine Anreicherung mit so genannten Resorptionsbremsen, die dafür sorgen, dass die Kohlenhydrate nicht zu rasch verwertet werden. Dazu gehören in erster Linie Fette und Öle. Deshalb sind das hier verwendete Olivenöl und der Ricottakäse auch aus ernährungsmedizinischer Sicht sinnvoll. Sie beugen trotz relativ üppiger Kalorienzufuhr der Entwicklung von Übergewicht vor!

Zander
MIT GELBER LINSENSAUCE UND WURZELSPINAT

FÜR 2 PERSONEN

2 Zanderfilets mit Haut, geschuppt
(à 200 g)

1 kleine Zwiebel (70 g)

1 kleine Knoblauchzehe

200 g Wurzelspinat
(geputzt etwa 160 g)

4 EL Olivenöl

80 g gelbe Linsen (Reformhaus)

350 ml Gemüsebrühe

100 g Sahne

Salz

schwarzer Pfeffer aus der Mühle

1 Msp. Currypulver

Meersalz, z.B. Fleur de Sel

Zubereitungszeit: 15–20 Min.
Garzeit: 35–40 Min.

Pro Portion:
660 kcal, E = 52 g, F = 39 g, KH = 26 g

1 Die Zanderfilets kalt abbrausen, mit einem Küchenpapier trocken tupfen und mit einer Pinzette evtl. von Mittelgräten befreien. Die Fischfilets in 4 gleich große Stücke schneiden und die Haut jeweils 2-mal schräg einschneiden.

2 Die Zwiebel abziehen und fein würfeln. Den Knoblauch schälen, halbieren und in feine Scheiben schneiden. Den Spinat von groben Stielen befreien, gründlich und evtl. mehrmals waschen und in einem Sieb gut abtropfen lassen.

3 In einem Topf (24 cm ∅) 2 EL Olivenöl erhitzen und die Zwiebel darin in 1 Min. glasig dünsten. Linsen und Knoblauch einrühren, 1 Min. garen, mit der Gemüsebrühe ablöschen und aufkochen lassen. Die Linsen je nach Sorte bei geringer Hitze in etwa 25 Min. weich kochen und dabei immer wieder umrühren. Die Sahne dazugießen und aufkochen lassen. Den Spinat zu den Linsen geben, durchrühren, abdecken und 5 Min. köcheln lassen. Das Linsengemüse mit Salz, Pfeffer und Curry pikant abschmecken.

4 Den Zander von beiden Seiten nur salzen. Das übrige Olivenöl in einer großen Pfanne erhitzen. Den Fisch mit der Hautseite nach unten in die Pfanne legen und bei mittlerer Hitze in 3 Min. kross braten. Die Filets wenden, die Pfanne vom Herd nehmen und den Fisch 3 Min. in der Restwärme ziehen lassen.

5 Das Linsengemüse mit den kross und saftig gebratenen Fischfilets auf vorgewärmten Tellern anrichten, mit frisch gemahlenem Pfeffer und 1 Prise Meersalz bestreuen und servieren.

DAS SAGT DIE MEDIZIN Linsen sind leichter verdaulich als andere Hülsenfrüchte, wie etwa Bohnen oder Erbsen. Durch ihren sehr hohen Eiweißanteil, der bei etwa 25–30 % der Trockenmasse liegt, sind sie ein im Hinblick auf ihre verjüngende Wirkung äußerst wertvolles Nahrungsmittel. Bemerkenswert ist insbesondere ihr extrem hoher Zinkgehalt. Zink ist ein unentbehrliches Spurenelement, denn es wirkt als Co-Faktor bei mindestens 50 Enzymen, ist an der Signalübertragung in den Zellen beteiligt und ermöglicht die Speicherung von Insulin im Gewebe. Weiterhin wirkt es als Antioxidanz, zur Tumorabwehr und spielt eine zentrale Rolle im Immunsystem. Mit zunehmendem Alter werden wir abhängiger von solchen »Verteidigungsmechanismen« des Körpers, deshalb ist eine ausreichende Zufuhr von Zink gerade jetzt essenziell.
Das hier und in anderen Rezepten verwendete Meersalz empfehlen wir aus geschmacklichen Gründen: Die kleinen Mengen an Kalzium- und Magnesiumsulfat, die neben Natriumchlorid enthalten sind, haben weniger eine medizinische, dafür mehr eine kulinarische Bedeutung.

Entenbrust
MIT SCHWARZWURZELN UND LAUCH

FÜR 2 PERSONEN

1 Entenbrust (à 400 g)

Salz

schwarzer Pfeffer aus der Mühle

1 EL Traubenkernöl

1 Zitrone

500 g Schwarzwurzeln

1 kleines Stück Lauch (50 g)

2–3 Stängel glatte Petersilie

1 EL Butter

150 ml Gemüsebrühe

Cayennepfeffer

einige Tropfen Trüffelöl aus weißen Trüffeln

Außerdem

Einweghandschuhe

Zubereitungszeit: 20 Min.
Garzeit: 30 Min.

Pro Portion:
610 kcal, E = 40 g, F = 48 g, KH = 5 g

1 Den Backofen auf 100 °C (Ober- und Unterhitze) vorheizen. Die Entenbrust kalt abbrausen, mit Küchenpapier trocken tupfen und evtl. von Federkielen und Sehnen befreien. Die Fettschicht rautenförmig einschneiden und die Entenbrust nur auf der Fleischseite mit Salz und Pfeffer würzen.

2 Das Traubenkernöl in eine kalte Pfanne geben und das Fleisch mit der Fettseite nach unten in die Pfanne legen. Pfanne auf den Herd stellen und die Entenbrust bei mittlerer Hitze in etwa 5 Min. kross braten. Dann wenden und kurz so lange weiterbraten, bis kein rohes Fleisch mehr zu sehen ist. Die Entenbrust auf das Ofengitter (Mitte) legen, ein Backblech als Tropfschutz darunterschieben und das Fleisch in 40 Min. rosa braten.

3 Inzwischen die Zitrone auspressen und zusammen mit der Schale in eine große Schüssel mit Wasser geben. Die Schwarzwurzeln am besten mit Einweghandschuhen schälen, da sie dabei eine klebrige Schicht entwickeln, und anschließend bis zur Weiterverwendung in das Zitronenwasser legen. Die Schwarzwurzeln schräg in etwa ½ cm dicke Scheiben schneiden, wieder zurück ins Wasser legen. Den Lauch in dünne Ringe schneiden, waschen und in einem Sieb abtropfen lassen. Die Petersilie waschen, trocken schütteln, Blättchen abzupfen und einige zur Dekoration beiseitelegen. Den Rest grob schneiden.

4 Die Butter in einem Topf (24 cm ∅) aufschäumen lassen, Schwarzwurzeln in einem Sieb abtropfen lassen, in den Topf geben. 2 Min. bei mittlerer Hitze garen und gleich mit 1 Prise Salz würzen. Die Gemüsebrühe dazugießen, aufkochen lassen, abdecken und bei geringer Hitze etwa 10 Min. garen. Nun den Lauch dazugeben und offen noch 10 Min. garen. Das Gemüse mit Salz, Pfeffer und Cayennepfeffer abschmecken und mit der Petersilie verfeinern. Zum Schluss einige Tropfen Trüffelöl einrühren.

5 Die Entenbrust aus dem Ofen nehmen und in dünne Scheiben schneiden. Mit dem Gemüse auf vorgewärmten Tellern anrichten und mit Petersilienblättchen garnieren servieren.

DAS SAGT DIE MEDIZIN Der Nährwert der Schwarzwurzel ist ähnlich hoch wie der von Erbsen und Bohnen. Einer ihrer wichtigsten Inhaltsstoffe ist der Ballaststoff Inulin, der im Magen teilweise zu Fruktose aufgespalten wird, teilweise unverdaut den Dickdarm erreicht. Dort wirkt er wie ein Probiotikum, das das Wachstum gesundheitsförderlicher Bakterien unterstützt.

Rotweingulasch
MIT SCHALOTTEN UND ANISPILZEN

FÜR 2 PERSONEN

500 g durchwachsenes Rindfleisch (aus der Wade oder Schulter)

200 g Schalotten

Salz

schwarzer Pfeffer aus der Mühle

etwas Mehl (Type 405)

2 EL Rapsöl

1 gehäufter EL Tomatenmark

¼ l kräftiger Rotwein, z.B. Cabernet Sauvignon

400 ml Gemüsebrühe

Für die Anispilze

150 g Champignons

2 Stangen Frühlingszwiebeln (30 g)

1 Prise Anissamen

1 EL Olivenöl

1 TL Butter

Meersalz, z.B. Fleur de Sel

Zubereitungszeit: 20–25 Min.
Garzeit: 2½ Std.

Pro Portion:
565 kcal, E = 58 g, F = 23 g, KH = 13 g

1 Das Fleisch kalt abbrausen und mit Küchenpapier trocken tupfen. Fett und Sehnen bleiben am Fleisch, weil sie ein guter Geschmacksträger sind. Das Rindfleisch in etwa 4 cm große Würfel schneiden. Die Schalotten abziehen und je nach Größe der Länge nach halbieren oder vierteln. Das Fleisch mit Salz und Pfeffer würzen und leicht mit Mehl bestäuben.

2 Das Öl in einem Topf (24 cm Ø) erhitzen. Das Fleisch hineingeben und 5 Min. bei mittlerer Hitze anbraten. Die Schalotten dazugeben und 4 Min. braten. Tomatenmark einrühren und 2 Min. mitrösten. Mit 1 Schuss Rotwein ablöschen und die Flüssigkeit vollständig einkochen lassen. Den Vorgang 2–3-mal wiederholen und den Rotwein dabei immer ganz einkochen. Die Gemüsebrühe dazugießen, aufkochen lassen, abdecken und bei geringer Hitze etwa 2 Std. köcheln, bis das Fleisch weich ist.

3 Inzwischen die Champignons putzen, mit einem Küchenpapier abreiben und je nach Größe halbieren oder vierteln. Die Frühlingszwiebeln waschen, putzen und schräg in dünne Ringe schneiden. Den Anis im Mörser grob zerreiben.

4 Kurz vor dem Servieren 1 EL Olivenöl in einer großen Pfanne erhitzen. Die Champignons darin in 2 Min. bei starker bis mittlerer Hitze anbraten, die Frühlingszwiebeln dazugeben und 1 Min. unter Rühren weiterbraten. Zum Schluss die Butter dazugeben, durchschwenken und die Pilze mit Meersalz, Anis und Pfeffer würzen.

5 Das Gulasch mit Salz und Pfeffer abschmecken und mit den Anispilzen auf vorgewärmten Tellern anrichten und servieren. Als Beilage eignen sich gekochter Reis, Kartoffeln oder breite Nudeln.

 TIPP DER KÜCHENCHEFIN Anstelle der feinen Schalotten können Sie auch einfachere Haushaltszwiebeln verwenden.

DAS SAGT DIE MEDIZIN In Maßen genossen besitzt Rotwein zahlreiche positive Eigenschaften, die auf seine sekundären Pflanzenstoffe zurückführen sind. Am bekanntesten sind Resveratrol, Quercetin und Procyanidin, drei Antioxidanzien mit vielfältigen Wirkungen zur Stärkung der Vitalität. Resveratrol wirkte beispielsweise im Tierversuch lebensverlängernd. Procyanidin schützt gegen Herz-Kreislauf-Erkrankungen sowie, wie neuere Studien zeigen, gegen Übergewicht (Adipositas) und das Metabolische Syndrom. Quercetin ist ein Flavonoid, das auch in Zwiebeln, Äpfeln, Brokkoli oder grünen Bohnen vorkommt und ebenfalls antioxidativ und verjüngend wirkt. Darüber hinaus steigert Quercetin die Muskelkraft und die Geistesstärke.

Rehnüsschen
MIT SELLERIEGRATIN UND PREISELBEEREN

FÜR 2 PERSONEN

2 Rehnüsschen (aus der Keule,
à 250 g), küchenfertig pariert (von
Sehnen befreien lassen)
2–3 Zweige Thymian
4 Prisen gemahlenes Wildgewürz
Salz
schwarzer Pfeffer aus der Mühle
2 EL Rapsöl
250 g Rosenkohl
1 EL Butter
Für das Selleriegratin
200 g Knollensellerie
400 g Kartoffeln, mehligkochend
100 ml Gemüsebrühe
150 g Sahne
frisch geriebene Muskatnuss
60 g geriebener Käse, z. B. Emmentaler
3 EL Sahne zum Beträufeln
Für die Preiselbeeren
40 g frische oder TK-Preiselbeeren
50 ml Preiselbeersaft (Direktsaft aus
dem Reformhaus)
50 ml roter Portwein
1 EL Zucker
1 Prise Johannisbrotkernmehl
(Reformhaus)
Außerdem
Küchengarn

Zubereitungszeit: 25–30 Min.
Garzeit: 1 Std.

Pro Portion:
940 kcal, E = 63 g, F = 55 g, KH = 41 g

1 Den Backofen auf 100 °C (Ober- und Unterhitze) vorheizen. Das Fleisch kalt abbrausen und mit einem Küchenpapier trocken tupfen. Mit Küchengarn so binden, dass das Fleisch beim Braten in Form bleibt.

2 Thymian waschen und trocken schütteln. 1 Zweig zur Dekoration beiseitelegen. Das Fleisch mit Wildgewürz, Salz und Pfeffer ringsherum würzen. Das Rapsöl in einer Pfanne erhitzen. Fleisch und 2 Zweige Thymian hineinlegen, 1 Min. braten, wenden und ringsherum weitere 2 Min. braten. Das Fleisch mit dem Thymian auf das Ofengitter (Mitte) legen, ein Backblech als Tropfschutz darunterschieben und die Rehnüsschen in etwa 50 Min. rosa garen.

3 Inzwischen den Sellerie und die Kartoffeln gründlich waschen und schälen, jeweils der Länge nach halbieren und in ½ cm dicke Scheiben schneiden. Mit Gemüsebrühe und Sahne in einen Topf (24 cm Ø) geben, mit Salz, Pfeffer und Muskatnuss abschmecken und aufkochen lassen. Abdecken, bei geringer Hitze 15 Min. garen und währenddessen mehrmals umrühren.

4 Den Rosenkohl waschen, putzen, die Enden abschneiden und die Rosenkohlblätter Blatt für Blatt ablösen. Die Blätter in kochendes Salzwasser geben und etwa 7 Min. garen. In ein Sieb abgießen, eiskalt abschrecken und gut abtropfen lassen.

5 Frische Preiselbeeren waschen und verlesen. Preiselbeersaft, Portwein und Zucker in einem kleinen Topf (18 cm Ø) zum Kochen bringen und in 2 Min. bei mittlerer Hitze einkochen lassen. Preiselbeeren und Johannisbrotkernmehl einstreuen, 2 Min. köcheln lassen und vom Herd nehmen.

6 Das Fleisch aus dem Ofen nehmen und beiseitestellen. Den Ofen auf Grillfunktion stellen. Selleriegemüse nochmals mit Salz und Pfeffer abschmecken, in die ofenfeste Form geben, mit Käse bestreuen und 3 EL Sahne beträufeln. Im Ofen (Mitte) in etwa 6 Min. goldbraun überbacken.

7 Die Butter in einer Pfanne aufschäumen lassen, Rehnüsschen darin etwa 1 Min. nachbraten und immer wieder mit der Butter beträufeln. Fleisch aus der Pfanne nehmen und beiseitestellen. Den Rosenkohl in der gleichen Pfanne 1 Min. lang erhitzen und mit Salz und Pfeffer würzen. Rehnüsschen in dünne Scheiben schneiden, mit Preiselbeeren und Rosenkohl auf Tellern anrichten, dem beiseitegelegten Thymian garnieren und mit dem Selleriegratin servieren.

Grünkohlpflanzerl
MIT GROBER SENFSAUCE

FÜR 2 PERSONEN

2 Scheiben Vollkorntoast (50 g)

100 ml Milch (1,5 % Fett)

1 Zwiebel (90 g)

1 TL Butter

250 g Grünkohl

250 g gemischtes Hackfleisch von Schwein und Rind

1 Ei (Größe M)

Salz

schwarzer Pfeffer aus der Mühle

Cayennepfeffer

1–2 Prisen gemahlener Kümmel

2 EL Olivenöl zum Braten

Für die Senfsauce

1 EL Olivenöl

2 TL grobkörniger Senf

100 ml Gemüsebrühe

100 g Sahne

Zubereitungszeit: 50 Min.

Pro Portion:
760 kcal, E = 37 g, F = 59 g, KH = 20 g

1 Die Toastbrotscheiben in etwa 1 cm große Würfel schneiden. Milch lauwarm erhitzen und über die Toastbrotwürfel gießen. Die Zwiebel abziehen und in feine Würfel schneiden. Die Butter erhitzen und etwa die Hälfte der Zwiebeln darin in etwa 2 Min. glasig dünsten.

2 Grünkohl von groben Stielen befreien, in kochendes Salzwasser geben und in etwa 10 Min. weich kochen. In einem Sieb abgießen, eiskalt abschrecken, mit den Händen gut ausdrücken und auf einem Schneidebrett grob hacken.

3 Hackfleisch, Ei, gedünstete Zwiebeln und Toastbrot mischen, mit Salz, Pfeffer, Cayennepfeffer und Kümmel kräftig abschmecken. Zum Schluss den gehackten Grünkohl unterheben und gut verkneten. Die Hackfleischmasse mit feuchten Händen in 6 etwa 90 g schwere Kugeln formen und flach drücken.

4 Das Olivenöl in einer großen Pfanne erhitzen, Pflanzerl einlegen, 4 Min. bei mittlerer Hitze braten, wenden und in weiteren 4–5 Min. bei geringer Hitze fertig garen. Dabei mehrmals wenden und die Pflanzerl aufstellen, damit auch die Ränder schön goldbraun gebraten werden.

5 Für die Senfsauce die restlichen Zwiebeln in heißem Olivenöl in einem kleinen Topf (18 cm ∅) in 2 Min. glasig dünsten. Senf einrühren. Die Gemüsebrühe dazugeben, 4 Min. bei mittlerer Hitze einkochen, Sahne dazugießen und weitere 5 Min. sämig einkochen lassen. Die Sauce mit Salz und Pfeffer abschmecken und mit einem Pürierstab schaumig mixen.

6 Die Grünkohlpflanzerl mit der Senfsauce auf vorgewärmten Tellern anrichten und z. B. mit gestampften Kartoffeln (siehe Tipp) und in Olivenöl gebratenen Röstzwiebeln servieren.

TIPP DER KÜCHENCHEFIN Gekochte Kartoffeln mit dem Kartoffelstampfer grob zerkleinern, 1–2 EL Butter unterrühren, mit Salz, Pfeffer und Muskatnuss abschmecken und zu den gebratenen Grünkohlpflanzerln servieren.

DAS SAGT DIE MEDIZIN Der hohe Vitamin-C-Gehalt (100 mg/100 g) des Grünkohls bleibt bei der Lagerung und auch beim Garen teilweise erhalten. Weitere Inhaltsstoffe sind Carotinoide und Vitamin E. Somit ist diese Kohlart als Lieferant für Antioxidanzien besonders im Winter geeignet. Grünkohl ist auch eine gute Quelle für Folsäure, die im Alter zusammen mit Vitamin B_6 und B_{12} zum Schutz gegen Arteriosklerose benötigt wird. Schon 200 g Grünkohl decken den Folsäuretagesbedarf eines Erwachsenen.

Quarkschnitte

MIT SANDDORN UND BLUTORANGE

FÜR 10 SCHNITTEN

Für den Biskuitteig

2 Eier (Größe M)

4 EL Zucker (80 g)

Salz

3 EL Mehl (Type 405, 60 g)

1 gehäufter TL Stärke

Für die Quarkmasse

70 g Puderzucker

1 Ei (Größe M)

150 g Magerquark

150 g Joghurt (3,5 % Fett)

4 Blatt weiße Gelatine

5 Blutorangen oder normale Orangen

3 EL Sanddornsaft (Direktsaft aus dem Reformhaus)

350 g Sahne

ein paar Tropfen Orangenlikör

150 g Aprikosenkonfitüre

Außerdem

Backpapier

verstellbarer Backrahmen (etwa 25 cm x 17 cm)

Winkelpalette

Zubereitungszeit: 35–40 Min.
Kühlzeit: über Nacht
Backzeit: 8 Min.

Pro Portion:
310 kcal, E = 7 g, F = 14 g, KH = 38 g

1 Den Backofen auf 180 °C (Umluft) vorheizen. Die Eier trennen. Die Eigelbe mit 2 EL Zucker in etwa 10 Minuten mit dem elektrischen Handrührgerät schaumig aufschlagen. Das Eiweiß anschließend mit 1 Prise Salz steif aufschlagen. Dabei den übrigen Zucker einrieseln lassen. Das Mehl mit der Stärke mischen und sieben. Das steif geschlagene Eiweiß vorsichtig unter die Eigelbmischung heben und das gesiebte Mehl mit einem Teigschaber vorsichtig einrühren.

2 Ein Backblech mit Backpapier auslegen und mit Hilfe einer Winkelpalette den Teig zu einem etwa 1 cm hohen Rechteck ausstreichen. Dabei sollte jede Seite um 2 cm mehr betragen als die des Backrahmens, da sich der Teig beim Backen später zusammenzieht. Den Biskuitteig im vorgeheizten Backofen in etwa 8 Min. goldbraun backen. Aus dem Ofen nehmen, wenden, auf einem Brett auskühlen lassen und das Backpapier vorsichtig abziehen.

3 Puderzucker und Ei schaumig aufschlagen. Quark und Joghurt unterrühren. Die Gelatine in kaltem Wasser einweichen. Die Orangen so gründlich schälen, dass die weiße Haut mit entfernt wird. Die Filets zwischen den Trennhäuten herausschneiden. Den Saft dabei in einer Schüssel auffangen und die Orangenreste gut darin ausdrücken. Etwa ⅓ des Safts mit dem Sanddornsaft zur Quarkmasse geben.

4 Die Sahne nicht zu steif aufschlagen. Die Gelatine ausdrücken, in einem kleinen Topf erwärmen und auflösen. Eine kleine Schöpfkelle voll Sahne in die Gelatine rühren, um die Temperatur anzugleichen. Angeglichene Sahne in die Quarkmasse rühren und übrige Sahne unterheben.

5 Den Biskuitboden auf ein mit Backpapier ausgelegtes Brett legen, das von der Größe her in den Kühlschrank passen sollte. Den Backrahmen daraufsetzen und die überstehenden Teigränder abbrechen. Den Biskuitboden mit einigen Tropfen Orangenlikör tränken. Die Quarkmasse einfüllen, glatt streichen und die Torte für etwa 2 Stunden kühl stellen.

6 Die Aprikosenkonfitüre mit 5 EL Orangensaft erwärmen, glatt rühren und etwas auskühlen lassen. Die Orangenfilets in einem Sieb abtropfen lassen und auf die Quarkoberfläche legen. Anschließend die Filets dick mit der Aprikosenkonfitüre bestreichen. Die Torte am besten über Nacht kühl stellen. Zum Servieren die Torte behutsam aus der Form lösen, in Portionsstücke schneiden und servieren.

Dörrobst-Praline
MIT SCHOKOLADE UND BLATTGOLD

FÜR 24 PRALINEN

160 g gemischtes Dörrobst, etwa
getrocknete Feigen, Aprikosen,
Pflaumen, Apfelringe und Datteln
120 g Zartbitterkuvertüre
30 g Mandelstifte
2 Prisen Vanillezucker
2 Blätter Blattgold (23¾ Karat,
Rosen-Nobel aus dem Künstlerbedarf)
Außerdem
Backpapier
evtl. Papierförmchen

Zubereitungszeit: 50 Min.

Pro Praline:
50 kcal, E = 1 g, F = 3 g, KH = 7 g

1 Das Dörrobst evtl. von Kernen befreien und in kleine, feine Streifen schneiden.

2 Die Zartbitterkuvertüre in grobe Stücke schneiden, in eine Metallschüssel geben und im heißen Wasserbad langsam schmelzen. Dabei mehrmals mit einem Holzlöffel umrühren und, sobald sie flüssig ist, vom Wasserbad nehmen und auf Körpertemperatur abkühlen lassen. Zum Testen geben Sie ein wenig flüssige Kuvertüre an Ihre Unterlippe. Fühlt sie sich leicht warm an, ist die Kuvertüre perfekt zum Überziehen. Ist sie zu heiß, wird sie nach dem Abkühlen grau.

3 Die Mandeln mit 2 TL warmem Wasser und Vanillezucker in eine kleine kalte Pfanne geben, erhitzen und in etwa 2 Min. goldbraun rösten. Aus der Pfanne heben und abkühlen lassen. Das Dörrobst mit den Mandeln mischen, die Kuvertüre darüber- geben und gut durchmischen.

4 Mit einer Gabel kleine Mandel-Schokolade-Häufchen auf ein mit Backpapier ausgelegtes Blech setzen und in etwa 30 Min. fest werden lassen. Mit Blattgold (siehe Tipp) verzieren und als feine Weihnachtsplätzchen servieren.

TIPP DER KÜCHENCHEFIN Dass man echtes Blattgold in der Küche verwenden kann, ist wenig bekannt. Dabei kann reines Gold, also 23¾-karätiges Gold, ohne Bedenken verzehrt werden. Gold wird nicht mit den Speisen gekocht oder gebraten, sondern immer erst kurz vor dem Servieren als Dekoration aufge- legt. Zum Auftragen von Blattgold verwendet man einen Vergolder- oder so genannten Anschusspinsel, den Sie im Künstlerbedarf erhalten. Mit diesem speziellen Pinsel wird das hauchdünne Edel- metall vorsichtig vom Papier abgelöst und auf die Speise gelegt. Der Pinsel sollte statisch aufgeladen sein. Das lässt sich durch Reiben an der Haut erreichen. So kann man vorsichtig ein kleines Stück Blattgold aufnehmen und die Pralinen damit verzieren.

DAS SAGT DIE MEDIZIN Botanisch gesehen sind Mandeln keine Nüsse, sondern Steinfrüchte. Sie enthalten Mandelöl, etwas Zucker und vor allem Mikronährstoffe wie Vitamin B, C und E, Folsäure, Kalzium, Magnesium und Kalium. Epidemiologische Studien weisen darauf hin, dass der regelmäßige Verzehr von Mandeln und Nüssen dazu beitragen kann, Herz und Kreislauf gesund zu erhalten.
Ballaststoffreiche Datteln und Feigen sowie anderes Trockenobst regulieren die Verdauungsfunktionen, ein wichtiges Gesundheits- thema in der zweiten Lebenshälfte. Die beste Vorbeugung ist eine ballaststoffreiche Ernährung, ein ausgeglichener Flüssigkeitshaus- halt und regelmäßige Bewegung.

Zum Nachschlagen

Sachregister

Rezeptregister

Nahrungsmittel

Aufgeführt sind alle Rezeptzu-
taten, die hinsichtlich ihrer verjüngenden und vitalisierenden Wirkung besondere Beachtung ver-
dienen. Kräuter, Gewürzpflanzen
und Gewürzsubstanzen sind in der
Regel alle gesundheitlich wertvoll
und werden deshalb nur in beson-
deren Fällen aufgeführt.

IMPRESSUM

Prof. Dr. med. Stephan C. Bischoff

Nach dem Studium der Medizin in Mainz und Straßburg durchlief Stephan Bischoff Stationen als wissenschaftlicher Assistent für Klinische Immunologie an der Universitätsklinik Bern/Schweiz, wurde dann 1992 Arzt und später Oberarzt in der Abt. Gastroenterologie der Medizinischen Hochschule Hannover, bevor er sich zum Dozenten habilitierte und die Facharzte im Bereich Innere Medizin, Allergologie, Gastroenterologie und Ernährungsmedizin erlangte. 2002 erhielt er den internationalen Pharmacia Award für Allergieforschung und wurde dann 2004 Ordentlicher Professor und Inhaber des Lehrlehrstuhls für Ernährungsmedizin und Prävention an der Universität Hohenheim in Stuttgart. Seit 2007 ist Prof. Dr. Bischoff geschäftsführender Direktor des Instituts für Ernährungsmedizin an der Universität Hohenheim und Stv. Ärztlicher Direktor des Zentrums für Ernährungsmedizin der Universitäten Hohenheim und Tübingen.

Monika Schuster

ist diplomierte und mit dem Bayerischen Staatspreis ausgezeichnete Küchenmeisterin und Diätköchin. Nach langjähriger Leitung der Ladengastronomie des Feinschmeckerparadieses »Dallmayr« in München ist sie heute gefragt in Magazinen, Werbung, Industrie und Fernsehen. Als Verantwortliche für das Food-Styling und die Rezeptentwicklung stand sie bereits mit namhaften Köchen wie Eckart Witzigmann, Alfons Schubeck, Otto Koch und Alexander Herrmann am Set. Ihr besonderes Markenzeichen: ein hervorragendes Geschmacksempfinden sowie einfache und dennoch raffinierte Rezepte für den Alltag und besondere Anlässe. Ihr Motto: »Ein Food-Foto soll nicht nur gut aussehen, das Gericht soll auch richtig lecker schmecken«. Bei Gräfe und Unzer veröffentlichte die Autorin u.a. »Niedrig-Temperatur – Fleisch & Fisch sanft garen«. www.monika-schuster.de

Die Fotografin

Eising Foodphotography
Fotografie: Martina Görlach
Foodstyling: Monika Schuster
Requisite: Ulla Krause

Bildnachweis

Bananastock: S.4, Jürgen Christ: S. 5, Photex: S. 8, Grafik Atelier Riedinger: S. 9 (2), Teubner Cucina Italia: S. 10, 22, Max Power: S. 12, Ingrid Schobel: S. 13,16, Marcel Weber: S. 19, Friedrich Stark: S. 20, Studio L'Eveque: S. 23, Corbis: S. 24, 36, Teubner: Das große Buch vom Obst: S. 27, Martina Sandkühler: S. 28, Teubner: Asiatisch Kochen: S. 31, Ulrike Holsten: S. 32, FoodPhotography Eising: S. 34

Das Rezept auf dem Umschlag finden Sie auf Seite 46.

© 2008
GRÄFE UND UNZER VERLAG GmbH, München

Alle Rechte vorbehalten. Nachdruck, auch auszugsweise, sowie die Verbreitung durch Film, Funk, Fernsehen und Internet, durch fotomechanische Wiedergabe, Tonträger und Datenverarbeitungssysteme jeglicher Art nur mit schriftlicher Genehmigung des Verlages.

Programmleitung: Doris Birk
Leitende Redakteurin: Stephanie Wenzel
Texte und Lektorat: Anna Cavelius
Umschlaggestaltung und Innenlayout: Independent Medien Design, München
Versuchsküche: Anka Köhler, Küchenmeisterin, München
Herstellung: Renate Hutt
Satz: Liebl Satz+Grafik, Emmering
Reproduktion: Longo AG, Bozen
Druck: Firmengruppe APPL, aprinta druck, Wemding
Bindung: Firmengruppe APPL, sellier druck, Freising

ISBN 978-3-8338-0673-5
1. Auflage 2008

DAS ORIGINAL MIT GARANTIE
GU

Unsere Garantie

Alle Informationen in diesem Ratgeber sind sorgfältig und gewissenhaft geprüft. Sollte dennoch einmal ein Fehler enthalten sein, schicken Sie uns das Buch mit dem entsprechenden Hinweis an unseren Leserservice zurück. Wir tauschen Ihnen den GU-Ratgeber gegen einen anderen zum gleichen oder ähnlichen Thema um.

Liebe Leserin und lieber Leser,

wir freuen uns, dass Sie sich für ein GU-Buch entschieden haben. Mit Ihrem Kauf setzen Sie auf die Qualität, Kompetenz und Aktualität unserer Ratgeber. Dafür sagen wir Danke! Wir wollen als führender Ratgeberverlag noch besser werden. Daher ist uns Ihre Meinung wichtig. Bitte senden Sie uns Ihre Anregungen, Ihre Kritik oder Ihr Lob zu unseren Büchern. Haben Sie Fragen oder benötigen Sie weiteren Rat zum Thema? Wir freuen uns auf Ihre Nachricht!

Wir sind für Sie da!
Montag–Donnerstag:
8.00 – 18.00 Uhr;
Freitag: 8.00 – 16.00 Uhr
Tel.: 0180 - 5 00 50 54*
Fax: 0180 - 5 01 20 54*
E-Mail:
leserservice@graefe-und-unzer.de

*(0,14 €/Min. aus dem dt. Festnetz/ Mobilfunkpreise können abweichen.)

P.S.: Wollen Sie noch mehr Aktuelles von GU wissen, dann abonnieren Sie doch unseren kostenlosen GU-Online-Newsletter und/oder unsere kostenlosen Kundenmagazine.

GRÄFE UND UNZER VERLAG
Leserservice
Postfach 86 03 13
81630 München

GRÄFE UND UNZER

Ein Unternehmen der
GANSKE VERLAGSGRUPPE